TRILHANDO O CAMINHO

Palestras de Wu Jyh Cherng

Baixe aqui o seu e-book
Guia de Meditação para Principiantes
ou, caso não possua smartphone,
peça a sua cópia pelo e-mail
guiademeditacao@gmail.com.

Tradução do poema da Capa:
Lîla Schwair

O poema que compõe a pintura da capa, "Paisagem",
está abaixo, seguido por sua tradução:

山青青
雲冥冥
下有水
蒲迷遙汀
飛來無跡
風標公子
白如雪

As nuvens em torno das montanhas azuis esverdeadas
Passam uma sensação de mistério
Ao pé da montanha os juncos na água
Balançam suavemente ao vento
Garças brancas como a neve
Pousam e voam sem rastros.

Trilhando o Caminho

Palestras de Wu Jyh Cherng

EDIÇÃO E ADAPTAÇÃO DOS TEXTOS

Lîla Schwair

Mauad X

Copyright @ by Wu Jyh Cherng, 2020

Direitos desta edição reservados à
MAUAD Editora Ltda.
Rua Joaquim Silva, 98, 5º andar
Lapa — Rio de Janeiro — RJ — CEP: 20241-110
Tel.: (21) 3479.7422 — WhatsAPP: (21) 97675-1026
www.mauad.com.br

Tradução, interpretação e comentários:
Wu Jyh Cherng

*Coordenação das edições das obras de Wu Jyh Cherng, foto da 4ª capa
e pesquisa das pinturas de Capa e páginas deste livro:*
Lîla Schwair

Pinturas da Capa e nas páginas deste livro:
Jīn Nóng (金農, 1687–1764)

Se você estiver interessado(a) em conhecer mais sobre o Daoismo (Taoismo)
ou conhecimentos afins, entre em contato com:

INTAO - Instituto Taoista Wu Jyh Cherng
https://www.intao.com.br
https://www.taoismo.com.br

Sociedade Taoista do Brasil
https://www.sociedadetaoistadobrasil.com

Cip-Brasil. Catalogação-na-Fonte
Sindicato Nacional dos Editores de Livros, RJ.

C449t

    Cherng, Wu Jyh, 1958-2004
    Trilhando o caminho: palestras de Wu Jyh Cherng / Wu Jyh Cherng ; edição e adaptação dos textos Lîla Schwair. - 1. ed. - Rio de Janeiro : Mauad X, 2020.
    140 p. : il. ; 14 X 21 cm.
    Inclui índice
    ISBN 9786587631325
    1. Cherng, Wu Jyh, 1958-2004. 2. Palestras e conferências. 3. Taoismo. 4. Filosofia taoista. 5. Meditação. I. Schwair, Lîla. II. Título.

20-67455   CDD: 181.114
                         CDU: 1:221.3

Camila Donis Hartmann - Bibliotecária - CRB-7/6472

Atenção

Este livro não se destina a fornecer conselhos médicos, psicológicos ou psiquiátricos. Todas as informações, conteúdo e material desta obra são apenas para fins informativos e não se destinam a servir como substitutos para a consulta, diagnóstico e / ou tratamento médico, psicológico ou psiquiátrico de profissionais qualificados ou provedores de saúde.

Dedico este trabalho à memória do meu marido e mestre,
Wu Jyh Cherng, a quem me sinto mais ligada a cada dia que passa...

AGRADECIMENTOS

Agradeço

ao Mestre Wu Jyh Cherng, pelos seus ensinamentos e pelo seu amor às pessoas;

a todas as pessoas que estiveram envolvidas em gravar e transcrever o arquivo que gerou este livro

aos discípulos do Mestre Cherng e a todos os membros e amigos da Sociedade Taoista do Brasil e da Sociedade Taoista de São Paulo, pelas suas inúmeras ajudas, doação de tempo e material, e pelas suas diferentes formas de divulgação do Daoismo, ensinadas pelo Mestre Cherng;

à Marcia Coelho de Souza, discípula direta do Mestre Wu Jyh Cherng, por permitir a utilização de termos do glossário da obra *Tao Te Ching*[1] (edição comentada) como notas neste livro; por ter revisado as minhas notas de edição; e por sua disponibilidade e dedicação em sempre responder as minhas dúvidas com muita precisão;

à Alexandra Hauser, pelas suas numerosas consultas valiosas em relação à estruturação deste livro; e pela sua generosa dedicação ao revisá-lo, pois detectava os mínimos detalhes, ao mesmo tempo mantendo uma visão holística do conteúdo em geral;

à Sirlene Gianotti, pela sua carinhosa revisão deste livro, pelas sensibilidade e paixão que fazia transparecer nos seus comentários, e pelas suas excelentes sugestões;

a Luciano Villanova de Oliveira, discípulo direto do Mestre Wu Jyh Cherng, por sua disposição de sempre me esclarecer qualquer questão relacionada ao Daoismo, assim como a lugares e contatos em Taiwan, onde esteve com o Mestre Cherng;

à Isabel Mauad, Zyg Filipecki e toda a equipe da Mauad Editora, pela amizade e pelo excelente trabalho e zelo que têm prestado desde a publicação do primeiro livro do Mestre Cherng, em 1999.

---

1   *Tao Te Ching, o Livro do Caminho e da Virtude*, de Lao Tse – Tradução direta do chinês e Comentários de Wu Jyh Cherng; coautoria: Marcia Coelho de Souza (Rio de Janeiro: Mauad Editora, 2011).

SOBRE A CAPA E DEMAIS ILUSTRAÇÕES

A Capa e demais Ilustrações nas páginas deste livro são de Jīn Nóng (金農, 1687–1764).

Jīn Nóng foi um famoso pintor e calígrafo da dinastia *Qīng*,[2] na China. Nascido em *Háng Zhōu*, somente se tornou popular como pintor e calígrafo depois dos 60 anos, quando estava viúvo, sem filhos, em *Yáng Zhōu*.

Ficou muito conhecido pelas suas pinturas de flores de ameixa chinesas (梅花, *méi huā*), algumas das quais ilustram este livro. Fazia parte de um dos "Oito Excêntricos de *Yáng Zhoū*" (揚州八怪 *Yáng Zhōu Bā Guài*), nome que se deu a um grupo de oito pintores chineses da Dinastia *Qíng*, que rejeitavam as ideias ortodoxas sobre o estilo de pintura da época, e que, na sua arte, se expressavam de uma forma mais pessoal.

Jīn Nóng foi o primeiro artista na tradição chinesa a pintar grande número de autorretratos. Também ficou famoso pelos seus poemas, que nunca separava de sua pintura. Teve grande reputação como calígrafo, criando um estilo que chamou de "caligrafia laqueada" (漆書 *Qī shū*),

Retrato de Jīn Nóng (金農, 1687–1764), pintado pelo seu aluno Luo Ping, aproximadamente em 1763.
O quadro hoje se encontra no Sichuan Provincial Museum.

---

2   A dinastia Qing foi a última dinastia imperial da China. Foi estabelecida em 1636 e governou a China de 1644 a 1912.

SOBRE AS NOTAS

Para favorecer a correta compreensão dos ensinamentos deste livro, foram utilizadas notas ao longo das páginas da obra, as quais, em sua grande maioria, são copiadas, algumas delas com pequenas alterações, do glossário da obra *Tao Te Ching, o Livro do Caminho e da Virtude*, de Lao Tse (Lǎo Zi, também conhecido com Lao Tzé ou Lao Tse). Tradução direta do chinês e Comentários de Wu Jyh Cherng, coautoria: Marcia Coelho de Souza (Rio de Janeiro: Mauad Editora, 2011. 394 p.).

Sumário

APRESENTAÇÃO — *LÎLA SCHWAIR*	13
O ABSOLUTO	17
A CONSTANTE MUTAÇÃO	31
CORAÇÃO VAZIO	41
A SOMA DO ZERO COM O UM	49
A AUTÊNTICA VIDA	55
A CONSTÂNCIA DO CÉU E A DURAÇÃO DA TERRA	61
CORPO, SOPRO, ESPÍRITO, VAZIO E VERDADE	69
A ÁGUA E O FOGO	73
A HUMILDADE	79
A UNIDADE DO SER	91
A PUREZA	99
A MULTIPLICIDADE NA UNIDADE	105
A AÇÃO FEMININA	109
RECOLHIMENTO DA MATÉRIA-PRIMA	115
A AUTÊNTICA TERRA	121
A RODA	133
LEIA TAMBÉM:	139

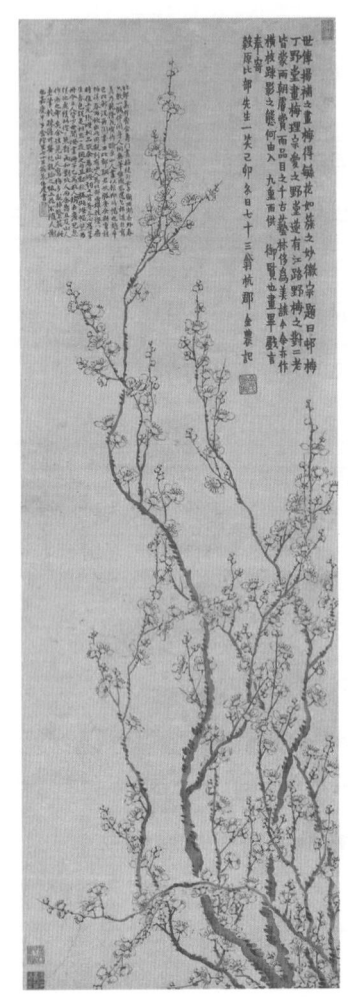

APRESENTAÇÃO

Em abril de 2020, em plena quarentena, devido à pandemia relativa ao Covid-19, ao organizar o meu arquivo de palestras gravadas do Mestre Wu Jyh Cherng, encontrei a transcrição de um ciclo de interpretações do *Dào dé jīng* (Tao Te Ching), de *Lǎo Zi,* que nunca antes passara pelas minhas mãos. Não podia crer no que meus olhos viam: um arquivo com mais de 800 páginas que estava comigo há mais quinze anos, sem eu nunca tê-lo notado! Mistério...

> **Dào dé jīng** 道德经 , *O Livro do Caminho e da Virtude* é de autoria de *Lǎo Zi,* considerado sagrado pelo seu conteúdo precioso.Tem 81 capítulos, o que aqui é considerado como um "ciclo".[3]

> **Lǎo Zi** 老子
> Conhecido também como *Lao Tzé* ou *Lao Tse*, é considerado o Sublime Patriarca do Caminho Daoista. Viveu aproximadamente no séc.V AEC e transmitiu ensinamentos do Caminho, que, posteriormente, foram divulgados como o *Dào dé jīng*, o *Livro do Caminho e da Virtude*, obra na qual as palestras do Mestre Cherng expostas neste livro se baseiam.[3]

A sensação que tive foi a de que esse texto teve que aparecer justamente agora, numa época tão cheia de incertezas no mundo... Acredito que, mais do que nunca, os ensinamentos de Wu Jyh Cherng têm o potencial de ajudar qualquer pessoa, independentemente de sua crença, nacionalidade, posição social ou formação. Nas suas palestras, eu sempre observava a diversidade de sua plateia, que, no final, parecia sair

---

[3] Para mais informações, consulte *Tao Te Ching, o Livro do Caminho e da Virtude,* de Lao Tse – Tradução direta do chinês e Comentários de Wu Jyh Cherng, coautoria: Marcia Coelho de Souza (Rio de Janeiro: Mauad Editora, 2011); e o livro de bolso *Tao Te Ching, o Livro do Caminho e da Virtude,* de Lao Tse, Tradução de Wu Jyh Cherng (Rio de Janeiro: Mauad Editora 1999, reimp. 2001, 2003, 2007, 2014 e 2019).

de lá com alguma mensagem, uma reflexão, um propósito; com uma expressão de satisfação, confiança e paz no seu olhar.

Mestre Cherng costumava dar palestras gratuitas todas as terças-feiras à noite, na Sociedade Taoista do Brasil, no Rio de Janeiro, e também, mensalmente, na Sociedade Taoista de São Paulo. Começava as sessões com alguns cantos de mantras, seguidos por uma meditação guiada, para, depois, ler e interpretar um dos capítulos do livro *Dào dé jīng*, que ele mesmo traduziu do chinês clássico para o português. Todas as vezes que terminava um ciclo dos 81 capítulos do livro, recomeçava novamente com o primeiro. Porém, nenhuma palestra se igualava à outra. O texto de *Lǎo Zi* é muito hermético e pode ser interpretado de inúmeras maneiras; além disso, os ideogramas chineses, em si, podem ter significados diferentes, o que torna o texto ainda mais complexo. E, acima de tudo, Mestre Cherng sempre continuou estudando – ou por conta própria ou com os seus mestres em Taiwan –, adicionando, com o passar dos anos, sempre mais conteúdo às suas palestras. No presente livro, ele cita muitas vezes o seu mestre de meditação, *Mǎ Hé Yáng* 馬合陽, o qual visitava todos os anos em Taiwan, para aprofundar os seus estudos, e pelo qual tinha muita estima e reverência.

Perguntei a vários discípulos do Mestre Cherng quem teria feito a transcrição do arquivo encontrado, e a resposta que obtive foi a de que se tratava de um trabalho coletivo, realizado por um grupo de alunos que assistia regularmente às palestras do Mestre Cherng.

A Mauad Editora e eu concordamos que seria melhor dividir o material em várias partes e publicá-lo em livros menores, sendo que este exemplar é o primeiro de uma série.

Tentei deixar o texto, o máximo que pude, no seu original. Tirei algumas partes que falavam mais detalhadamente sobre a alquimia, pois se tratava de uma linguagem muito simbólica que facilmente poderia ter sido interpretada erroneamente. Mantive a sequência dos capítulos na ordem em que o Mestre Cherng a apresentou.

A meditação para Wu Jyh Cherng era de extrema importância. Ele dizia que, no estado de meditação profunda, o corpo e a mente descansam mais do que durante o sono. Ele mesmo era um exemplo disso: dormia somente três horas por noite e o resto do tempo ficava na sua poltrona meditando. Também, antes de cada palestra, era imprescindível que ele tivesse tempo para meditar, para que, na hora de falar ao público, o conhecimento e a sabedoria pudessem fluir naturalmente por ele.

Não é de se estranhar, então, que o tema da meditação estivesse presente em quase todas as suas palestras. Foi por essa razão que resolvi escrever um pequeno guia para a prática de meditação dirigido a principiantes, mas que, obviamente, também pode ser consultado por pessoas que já tenham mais experiência.

> Para ler o guia, consulte o QR Code, na p. 1.

Durante o meu trabalho de edição deste texto, parecia que o Mestre Cherng falava no meu ouvido. Senti-o mais próximo do que nunca.

Quando, em vida, ele já estava no estado de câncer terminal, eu lhe perguntei: "O que você gostaria que eu fizesse depois que você não estiver mais conosco?". Ele disse: "Faça o que o seu coração lhe disser". Imediatamente senti que eu gostaria de trabalhar com os livros. Sempre terei imensa gratidão pela resposta que me deu.

Dessa forma, espero poder passar um pouco do que o Mestre Cherng representava para mim e para tantas outras pessoas que tiveram o privilégio de conhecê-lo e de estudar com ele.

Que a sua sabedoria, compaixão e dedicação para divulgar os ensinamentos daoistas beneficiem e tragam paz a todos que estejam lendo estas palavras.

Lîla Schwair
Forest Row, 30 de julho de 2020

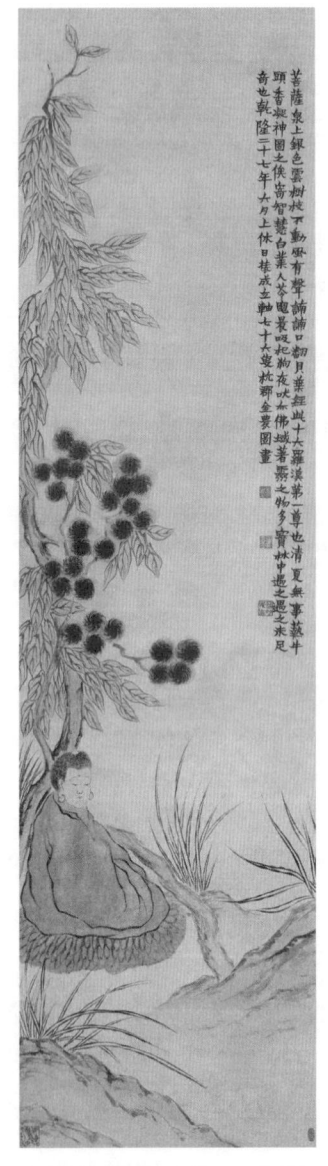

O ABSOLUTO

Escrita da Era de Bronze   Escrita de Selo   Escrita Moderna

O ideograma chinês *Dào* 道, representado acima, que, literalmente traduzido, significa "caminho", exprime o conceito filosófico de "Absoluto". Esse conceito traz a ideia de origem, princípio e essência de todas as coisas.

O Absoluto está além do tempo, do espaço e das linguagens. Sendo assim, não pode ser expresso, pois todas as expressões dependem de uma linguagem e de uma referência de tempo e de espaço. Por exemplo, da mesma forma que não é possível usar uma régua para medir algo que está além das medidas, também não é possível usar a linguagem para descrever algo que está além da linguagem. Ou seja, não é possível usar conceitos ou ferramentas do mundo finito para definir algo que é o próprio infinito.

Todas as linguagens (imagens, símbolos, palavras, ideias, pensamentos, sentimentos, emoções, etc.) são manifestações posteriores à criação do Universo. E todas as manifestações ou formas posteriores à criação do Universo são limitadas, passageiras, temporárias e impermanentes. Ou seja, os valores atribuídos às coisas mudam conforme o tempo e o destino. O que hoje é valorizado, considerado nobre, bonito e inovador, amanhã certamente não o será mais. Um caminho que pode ser expresso através da forma não é o Caminho do eterno, não é o Caminho constante. É um caminho que foi feito numa determinada época, que está sendo seguido hoje, e que amanhã poderá ser diferente.

O Absoluto está além das linguagens; nenhuma palavra pode enquadrar a real natureza do *Dào*. Apesar disso, para que possamos compreender racionalmente a experiência de um mestre que vive na condição absoluta de ser, torna-se necessária a utilização de nomes, de palavras.

Um caminho só tem sentido e efeito reais quando existem três elementos atuando, simultaneamente: o caminhante, o caminho, e o ato de caminhar. Um caminho que existe, porém não é trilhado, não tem utilidade. Da mesma forma, caso exista um caminhante, mas não exista o caminho, o caminhante não saberá por onde caminhar. Finalmente, caso existam um caminho e um caminhante, ainda assim dependeremos de um terceiro elemento: o ato de caminhar. Podemos então dizer que a condição absoluta de ser só pode ser encontrada através da experiência pessoal; o Absoluto existe somente quando nos integramos a ele. Você pode até compreender racionalmente que existe uma condição anterior ao Céu e à Terra – a fonte criadora de todas as coisas –, porém, caso você não a vivencie através da prática de um caminho, ela não existirá para você. Um caminho espiritual precisa ser praticado, para que possa ocorrer a realização pessoal do praticante.

> **Céu e Terra** 天地 *tiān dì* Quando as palavras "Céu" e "Terra" são usadas juntas formando uma expressão, têm o significado de Universo. Também podem adquirir o sentido de destino coletivo.

Esse caminho é o Caminho do Infinito, ou seja, um Caminho que nunca termina. Porém, apesar de um daoísta nunca alcançar uma meta final, o próprio fato de estar trilhando um Caminho que nunca termina, representa que está vivendo o Caminho do Infinito, ou seja, significa que alcançou seu objetivo espiritual. No Daoismo, você nunca considera que chegou ao final da linha, ou seja, que a sua realização espiritual está terminada. Caso contrário, o Caminho trilhado não seria o Caminho Constante.

Esse Caminho não pode ser expresso, pois está além das linguagens. Se você pensar em linguagem como palavras, o além-da-linguagem pode ser comparado com o silêncio, com a ausência de palavras. Considerando como linguagem os pensamentos, ideias, intenções, visualizações, formas e símbolos, o além-da-linguagem seria a própria quietude. Essa quietude não deve ser compreendida como ausência de todas as coisas, mas como algo anterior que permite que todas as coisas se manifestem de uma maneira natural e espontânea. Ou seja, o Caminho é o próprio silêncio, a quietude; e o Vazio é o que está por trás, o que coexiste com todos os ruídos, manifestações e formas da existência.

> **Vazio** 坤 *kūn*
> Vazio é como o Daoismo chama a energia que se encontra no Absoluto. É a fonte de energia que se renova permanentemente como condição que antecede e permite a geração de todas as existências, sem reter para si qualquer tipo de existência. Nesse Vazio não existem manifestações.

Para que possamos encontrar o Caminho, precisamos encontrar o silêncio e a quietude interior; precisamos resgatar uma condição de transparência em relação ao ambiente externo. Não importa em que condição se encontre o ambiente – se ruidoso, barulhento, agitado, ou um local tranquilo –, não importa onde você esteja ou o que ocorra, o silêncio e a quietude interior devem permanecer inalterados, independentemente de qualquer fator externo. Para podermos alcançar esse verdadeiro silêncio e quietude interior, precisamos possuir um certo grau de tranquuilidade, precisamos nos sentir bem. É impossível alguém encontrar um Caminho interior de paz e tranquuilidade, se estiver remoendo algum sentimento no seu interior.

Para retornarmos ao *Dào*, ao Absoluto, precisamos, primeiro, recuperar o nosso bem-estar e a nossa paz interior. A partir dessa condição, podemos encontrar o silêncio e a quietude interior, ou seja, podemos encontrar um Caminho que está além da forma e das linguagens. E, ao trilharmos esse Caminho, vivenciando-o e integrando-o à nossa vida diária, podemos nos unir ao *Dào*.

A prática da meditação daoista pode nos levar a um estado que não pode ser expresso e que não pode ser encontrado através da expressão. Nesse estágio profundo de meditação, perdemos a noção da forma, do corpo, do tempo e do espaço. Alcançamos um estado de alteração da consciência, no qual nossa percepção se assemelha à percepção entorpecida de uma pessoa sonolenta. Passamos a perceber tudo o que está ocorrendo de uma maneira "caótica". Chamamos esse estado de "Consciência do Caos Primordial". Esse estado de consciência funciona como um lago no qual entramos para sermos purificados pela água. Quando entramos nesse lago, ficamos entorpecidos. Porém, ao sairmos, nossa consciência torna-se mais límpida, clara e pura. Nesse estado de consciência, podem surgir manifestações de força e energia.

> **Caos Primordial** 混屯 *hún tún*
> Caos Primordial é uma categoria da teologia daoista, o estado em que se cria o Céu e a Terra, e por isso simboliza a própria vida. Corresponde à fronteira que uma pessoa precisa ultrapassar para sair do mundo manifestado e penetrar no mundo sutil. É um estado de alto nível espiritual, alcançado apenas dentro da meditação.

No momento em que essas forças e energias surgem, é comum nossa consciência tentar sair do estado de entorpecimento, para retornar ao estado em que habitualmente se encontra, para identificar o que está acontecendo. Porém, caso isso ocorra, estaremos nos apegando à forma e à linguagem, ou seja, estaremos retornando a um nível mais superficial da consciência. Para evitar que isso aconteça, precisamos nos manter livres de qualquer intenção ou sentimento; precisamos não julgar, nem procurar entender o que acontece dentro do estado de entorpecimento. Precisamos aprender a viver em uma condição em que a consciência não esteja dividida, não esteja dualizada. Precisamos retornar à condição original – ao estado primordial –, na qual não existe a separação entre o eu e o outro.

Este é o propósito essencial da meditação daoista: resgatar um estado de consciência puro; de absoluta quietude, lucidez e transparência. Um estado em que a consciência está completamente desprendida e límpida, sem nenhuma fantasia ou ilusão. É um estado no qual recuperamos nossa Luz interior, nossa lucidez, passando a enxergar cada situação sem a interferência de fenômenos, símbolos, formas, linguagens e interpretações pessoais.

Enxergar cada situação com lucidez significa, simplesmente, olhar sem ter uma lente embaçada diante dos olhos. Um par de óculos com lentes embaçadas não permite que a realidade seja vista com clareza.

Hoje, a humanidade se encontra nessa situação, ou seja, não enxerga a realidade dos fatos, porque não tem lucidez. Não consegue compreender as coisas como elas simplesmente são e, então, passa a compreender as coisas de uma forma superficial, distorcida e turva.

É importante destacar que adquirir poderes paranormais e extrassensoriais não faz parte do objetivo da meditação daoista. Da mesma forma, o Daoismo não considera que a interpretação mística da realidade seja superior a qualquer outra interpretação da realidade. O Daoismo considera que o ideal é alcançarmos um estado de consciência em que percebemos as coisas simplesmente como elas são.

Existem pessoas que justificam suas dificuldades, limitações e fracassos com causas cármicas e o destino. Esquecem de verificar se os seus problemas foram originados pela sua maneira de agir; sua falta de lucidez ou retidão. Dessa maneira, vivem complicando suas vidas. No Daoismo, pelo contrário, buscamos simplificar as nossas vidas, agindo com sinceridade e lucidez.

Em geral, as pessoas, nas situações do dia a dia, por carência de concentração, deixam-se envolver por inúmeros pensamentos, ideias, trabalhos, atividades, tarefas e compromissos, os quais se manifestam de maneira desordenada, fragmentada e inconstante.

Por outro lado, quando uma pessoa reserva parte do seu tempo para práticas espirituais, como a meditação e a recitação de cantos e mantras, naquele momento, a sua consciência encontra-se em um estado mais unificado e uniforme. Porém, não basta viver apenas uma parte do nosso tempo com mais consciência; o objetivo final é alcançarmos um estado em que a quietude interior seja permanente. Seja no movimento ou no descanso, na palavra ou na não-palavra, na forma ou na ausência da forma, a nossa consciência deve manter-se num estado sutil, de absoluta quietude e transparência.

Basicamente, podemos dividir a prática de meditação em dois tipos: meditação através da contemplação, e meditação através da concentração. Na meditação através da contemplação, trabalhamos com a ausência de intenção, ou seja, não julgamos, não pressupomos, nem impomos nada. Não escolhemos o que queremos ou o que não queremos ver. Apenas buscamos um estado passivo, em que, simplesmente, observamos e contemplamos o que está acontecendo, interiormente e exteriormente. Nesse estado, resgatamos a percepção pura das coisas. Passamos a perceber as coisas simplesmente como elas são. Além disso, como não existem bloqueios e limites, passamos a perceber as coisas em sua totalidade; a ouvir todos os sons e a perceber todas as imagens e manifestações, simultaneamente.

Observar sem intenção é, simplesmente, ver as coisas como elas são. Por outro lado, observar com intenção é ver as coisas da forma que desejamos ou gostamos. Quando alguém que se propõe a meditar de uma maneira contemplativa tem preferências e intenções, esse alguém não está meditando. Por exemplo, quando uma pessoa se senta em quietude para meditar, dizendo para si mesma que está disposta a receber tudo o que é sagrado, essa pessoa está demonstrando uma intenção. Consequentemente, ela está limitando o que realmente poderia receber. Pois, como poderia saber o que é sagrado? Será que aquilo que essa pessoa julga não ser sagrado, de fato, não é sagrado? Quem trabalha com a prática da contemplação deve manter a constante não-aspiração, ou seja, deve procurar trabalhar sem intenção e sem julgamento. Dessa forma, o praticante permitirá que todas as coisas se revelem de uma maneira simples e autêntica, como uma grande dança cósmica.

Uma pessoa somente é capaz de perceber as coisas como elas efetivamente são, quando está ausente de julgamento, quando não tem a intenção de ver as coisas de uma forma ou de outra.

Na meditação através da concentração, trabalhamos com a constante aspiração, ou seja, com a constante concentração ou manutenção da vontade. Devemos manter nossa consciência concentrada em um único ponto, de uma forma contínua e ininterrupta. Devemos ter um só objetivo, uma única vontade.

O ideograma chinês "orifício" significa luz, claridade, ou cor branca. Também pode significar abertura. Para compreender o seu sentido, podemos imaginar uma situação na qual uma pessoa está trancada em uma casa totalmente fechada e sem luz. Nessa condição, ela se encontra impossibilitada de enxergar tanto o que está no interior quanto no exterior da casa. Analogamente, o ser humano se encontra aprisionado em um corpo, ignorando o seu interior e o seu exterior. O nosso corpo funciona como uma prisão, que impede que nos conheçamos melhor e possamos compreender com clareza e lucidez o que está ao nosso redor.

> **Orifício** 徼 *jiào*
> Abertura ou passagem que possibilita aos seres se libertarem de um ambiente limitado, para alcançar um espaço novo e maior.

No entanto, apesar de nos encontrarmos em uma condição obscura, podemos criar uma força que nos ilumina, fazendo um pequeno furo na parede. Através desse furo entrará um facho de luz, que, devido à escuridão do ambiente e à concentração do foco luminoso, promoverá uma intensa e nítida iluminação. Na meditação através da concentração, quando nos concentramos em um ponto específico, nossa consciência funciona como um foco de luz (energia) concentrado. Essa concentração gera uma força que abre um orifício. Nesse momento, a casa é invadida pela luz exterior, ao mesmo tempo que a nossa percepção alcança o mundo exterior. Dessa forma, quebramos o muro da obscuridade, ampliando tanto a nossa compreensão interior quanto a nossa consciência exterior. Passamos a nos conhecer melhor, e adquirimos mais consciência da realidade externa.

Assim, enquanto na meditação através da contemplação buscamos um estado passivo, em que não focalizamos ou concentramos nossa atenção em absolutamente nada, na meditação através da concentração buscamos um único objetivo, uma única vontade, um único ponto de concentração.

Uma consciência contemplativa percebe milhares de coisas; porém, não se distrai, nem se apega a nenhuma delas. Esse é o Caminho da constante não-aspiração; o Caminho da contemplação não-intencional;

o Caminho do desapego. Quem se desenvolve nesse Caminho, consegue enxergar todas as Maravilhas do Mundo sem prender-se a elas; consegue compreender e perceber, de uma maneira sutil e intuitiva, a manifestação de todas as coisas como se fosse uma sinfonia. E, apesar da grande orquestra universal ser composta por infinitos instrumentos, não se apegará a nenhum deles, sendo capaz de perceber a sinfonia por inteiro.

Uma consciência com capacidade de concentração consegue contemplar exclusivamente um único ponto (orifício), aprofundando-se de tal maneira, que todas as outras coisas não a distraem. Esse é o Caminho da constante aspiração; o Caminho da concentração absoluta em um único ponto. Através dessa concentração, quebramos a barreira e ultrapassamos a fronteira que divide o individual do coletivo, o consciente do inconsciente, o visível do invisível. Quem se desenvolve nesse Caminho, consegue penetrar no Mistério. Uma das técnicas nos permite encontrar as Maravilhas, enquanto a outra nos permite encontrar o Mistério.

> **Maravilhas** 妙 miào
> Maravilhas são todas as manifestações visíveis e invisíveis, apreendidas por quem adquiriu a consciência com a qualidade da lucidez no nível da Consciência Universal.

> **Mistério** 玄 xuán
> Mistério refere-se ao estado sutil que não se consegue compreender utilizando os sentidos físicos humanos, nos quais as polaridades yáng e yīn encontram-se unidas.

Ao contrário dos estados de consciência que podem ser alcançados através das técnicas citadas acima, em geral a consciência da grande maioria das pessoas é oscilante e dispersa. Por um lado, não conseguimos praticar a contemplação sem apego, porque vivemos cheios de intenções, desejos e preferências. Sempre que surge algo que desejamos, queremos retê-lo e mantê-lo. Por outro lado, não conseguimos praticar a profunda concentração, porque vivemos o tempo inteiro predispostos às influências das Maravilhas que nos rodeiam. Isso é reflexo da nossa falta de força de vontade, objetivo e determinação, que faz com que não consigamos manter uma concentração total e plena; uma concentração que não possa ser abalada, aconteça o que acontecer.

Os dois Caminhos (a concentração e a contemplação), apesar de distintos, são como dois ramos que partem de um mesmo tronco, de uma mesma árvore. Nesse ponto em comum do tronco, do qual eles partem, os dois caminhos não estão diferenciados. Esse ponto em comum se chama Mistério.

Isso não significa que todos os ramos (Caminhos) de uma mesma árvore sejam iguais. É muito importante não perdermos a noção de que, em sua extensão, os Caminhos são diferentes. Somente quando retornamos à origem dos dois Caminhos (que é a mesma para os dois) é que deixam de existir os dois Caminhos.

Após alcançarmos o estado de união dos opostos – o estado de fusão do yīn com o yáng –, o próximo estágio a ser alcançado é o "Mistério dos Mistérios". Nesse estágio, encontramos os Mistérios de todos os Mistérios, ou seja, encontramos a porta que abre todas as portas; a raiz que gera todos os troncos, ramos e galhos. A partir dessa raiz – desse portal – podemos acessar e compreender todas as Maravilhas.

> **yīn e yáng** 陰陽
>
> *yīn* e *yáng* são duas polaridades ou energias opostas e complementares, não excludentes, que se encontram presentes em todos os seres manifestados. Unidas, as duas formam o *Tài Jí* 太極, o *Dào* manifestado em sua totalidade como Unidade ou Universo. Mas separadas representam o mundo dual que surge da primeira fragmentação do *Tài Jí* em dois, quando são criados o Céu e a Terra, ou o *yīn* e o *yáng*, para dar início ao processo de multiplicidade dos seres manifestados. No mundo dual, a consciência dos seres humanos sempre apreende o que contempla como manifestações ou situações que se colocam em oposição umas às outras.

A partir do Grande Mistério, abrimos o portal para todas as Maravilhas. Somente quando retornarmos ao centro – à raiz, ou à essência do Universo – seremos realmente capazes de contemplar e compreender todos os seus fenômenos e suas infinitas manifestações.

Para alcançarmos o Grande Mistério, precisamos, na prática da meditação, unir os dois ramos distintos na sua origem; unir a contemplação com a concentração, concentrando na contemplação e contemplando na concentração. Devemos fazer com que a contemplação seja a concentração, e que a concentração seja a contemplação.

Esse é o princípio básico do trabalho espiritual do Daoismo. Toda e qualquer prática daoista, independentemente da escola ou linhagem a que pertença, não pode ter seu princípio básico em contradição com *Lǎo Zi*. Para uma prática ser reconhecida como genuinamente daoista, esta precisa estar de acordo com os fundamentos teóricos do Daoismo, ou seja, precisa buscar o *Dào* – o Absoluto – através de um Caminho que está além da forma, da linguagem e do visível. Esse Caminho deve direcionar para a raiz de todos os Mistérios; para a origem de todas as coisas.

Porém, apesar de buscarmos a origem, devemos voltar para o mundo trazendo a força da raiz – a força que tornará todos os galhos, folhas e flores exuberantes. Caso contrário, estaríamos nos comportando como um eremita, que, ao chegar à raiz, não se envolve mais com coisa alguma. O Daoismo não incentiva esse tipo de comportamento.

Fazendo uma analogia com o corpo humano, o cérebro seria a raiz. Tanto que algumas escolas daoistas chamam a região do cérebro de "Porta do Mistério". O tronco corresponde ao ramo principal, e os membros aos ramos secundários. Dessa forma, a partir da raiz, temos consciência e comando sobre todas as partes do corpo; sobre todos os ramos, galhos, folhas e flores; sobre todas as Maravilhas.

Quando compreendemos todas as Maravilhas, nos tornamos seres iluminados, com plena lucidez de todas as coisas. Alcançamos um estado de consciência universal, em que pensamos e sentimos em conjunto com os pensamentos, emoções e sentimentos dos dez mil seres. Assim, nosso olhar, audição e palavras corresponderão ao olhar, à audição e às palavras de todos os seres. Nesse estado, estaremos presentes em todos os lugares e em todos os seres, simultaneamente, muito embora cada um desses seres, isoladamente, não saiba ou perceba que existe um sábio em seu interior. Esse sábio é o Homem[4] Universal que está presente em todos nós e que, apesar de não conseguirmos sentir a sua presença, consegue sentir a nossa.

> **Dez mil** 萬 *wàn*
> Dez mil é um valor numérico absoluto, usado como expressão chinesa para representar a multiplicidade. É uma medida simbólica que representa todas as manifestações de uma referência, podendo designar coisas, seres, animais, pessoas ou, genericamente, todas as manifestações concretas e abstratas, conhecidas ou não, reveladas ou obscuras, conforme sua indicação na frase em que seja citada.

Todo Homem que alcança a iluminação, torna-se um Homem Universal; torna-se um Homem que está presente em todos os lugares e em todos os seres: nos seres humanos, nos animais, nas plantas, nos minerais, no avião, na panela, na batata frita... Com a diferença de que, apesar de o Ser Iluminado estar presente na batata frita, a batata frita não consegue sentir-se como ele. Da mesma forma, nós também não conseguimos, pois insistimos em discriminar tudo e todos. Porém, para o Homem Universal, cuja consciência é onipresente, não existe diferença entre as mais variadas manifestações da forma, mesmo entre uma batata frita e um ser humano.

> **Iluminação** 明 *míng*
> É o estado de plena expansão da consciência de uma pessoa, a plenitude da lucidez que corresponde ao nível da Consciência Universal. Quem alcança esse estado é chamado de Ser Iluminado ou Homem Iluminado.

---

4 A palavra "Homem", com "H" maiúsculo, usada aqui e em outras partes do livro, deve ser entendida como "Ser", independentemente do gênero (N.E.).

Todos os grandes mestres iluminados de todos os tempos – passado, presente e, inclusive, futuro – estão conectados a todos nós. Tudo o que sentimos, vemos, ouvimos e falamos faz parte da manifestação da vida desses mestres. São as Maravilhas que se manifestam, a partir de uma condição original de ser; a partir da essência. Como nossa consciência encontra-se no nível da manifestação e da aparência, não somos capazes de sentir a presença dos grandes mestres; não somos capazes de perceber a essência.

Como conceito filosófico, o *Dào* adquire a ideia de Absoluto, de algo que é a origem e a essência de todas as coisas; algo que está no princípio de tudo; algo que está além da limitação do tempo, do espaço e das linguagens. Se compreendermos o *Dào* como algo Absoluto, ele não poderá mais ser expresso, porque tudo o que pode ser expresso tem uma referência que pode ser descrita; e o *Dào*, o Absoluto, está além das referências do tempo e do espaço.

Como já dissemos anteriormente, todas as expressões são linguagens, e todas as linguagens são limitadas. São manifestações do Céu Posterior, isto é, do mundo manifestado. Todos os Caminhos que podem ser descritos com imagens e linguagens, são uma linguagem entre infinitas linguagens; portanto, são linguagens passageiras, temporárias e impermanentes. Como todas as imagens, símbolos, formas, palavras e ideias, essas linguagens mudam conforme o tempo e o destino. Isso significa que os valores atribuídos às coisas mudam de um dia para o outro; o que é nobre hoje, amanhã já poderá não ser tão nobre assim; o que ontem era desprezado, hoje poderá ser valorizado; o que é bonito hoje, amanhã poderá já não ser mais; o que é jovem e novo hoje, amanhã certamente não o será mais; e assim por diante.

> **Céu Anterior e Céu Posterior**
> **Céu Posterior** 後天 *hòu tiān* significa o Universo após a criação.
> **Céu Anterior** 先天 *xiān tiān* significa o Universo antes da criação.
> A palavra tiān pode ser traduzida por Céu, Mundo, Cosmo e Universo. Céu Anterior e Céu Posterior são termos específicos da alquimia daoista. O Céu Anterior significa o estado do Absoluto, anterior à criação do Universo físico. É um Universo inimaginável, infinito e ilimitado; uma dimensão em que estão representadas as divindades do mais alto nível de realização espiritual. Para cada praticante de alquimia daoista, esses dois estados existem ao mesmo tempo, no interior de cada ser.

Todas as coisas que possuem uma imagem, uma forma e uma linguagem – como o pensamento, o sentimento, a palavra, a emoção, o corpo e a própria vida – são impermanentes. Se esse Caminho constante pudesse ser expresso através de uma forma, ele certamente deixaria de ser um Caminho do eterno; da constância. Deixaria de ser um Caminho de ontem, de hoje e de sempre, e passaria a ser um caminho que foi feito numa determinada época, que está sendo seguido hoje, e que poderá ser diferente amanhã.

A CONSTANTE MUTAÇÃO

Em geral, as pessoas receiam que, em sua prática espiritual, a partir de um determinado estágio de realização, ocorra a perda de sua personalidade e de seu eu. Porém, o que de fato ocorre, quando um ser se realiza, é o reconhecimento da sua existência como ser individual e, simultaneamente, ser coletivo. É o resgate da consciência do próprio *Dào*, ou seja, o resgate de uma consciência que envolve e transcende as consciências coletivas, cósmicas e terrestres. Essa consciência não se limita pelo tempo ou pelo espaço. É uma consciência em que o passado, o presente e o futuro se encontram no mesmo instante.

Devemos ter humildade para vivermos o lado material e mundano da vida. Porém, devemos ter força de vontade, perseverança e coragem para vivermos a infinitude do espírito. Nosso corpo físico talvez não possa atravessar paredes, mas nossa consciência pode alcançar um estado infinito de ser, rompendo a barreira do tempo e do espaço. Ninguém está limitado ou é proibido de fazer essa expansão da consciência, esse engrandecimento do espírito. O Homem precisa encontrar esse engrandecimento do espírito para encontrar sua sagração. A sagração do Homem é, exatamente, a recuperação da consciência infinita. Para resgatar essa consciência, é preciso que haja uma evolução espiritual semelhante à construção de uma torre de nove andares; temos que começar pelo chão, pela base, passo a passo, até alcançarmos o último andar da torre. Isso exige prática constante. Não basta nos alimentarmos com elaborados discursos metafísicos.

Mestre *Mă*[5] costumava dizer que, quando se trata de desenvolvimento espiritual, devemos fazer um grande voto. Somente assim, podemos ampliar a possibilidade de alcançarmos um alto grau de realização, mesmo que o objetivo final não seja plenamente atingido nesta vida. Caso façamos um pequeno voto, estaremos limitados pela pequena di-

---

5   Mestre *Mă Hé Yáng* 馬合陽 foi o Mestre de Meditação do Mestre Wu Jyh Cherng (N.E.).

mensão desse voto. Dessa forma, mesmo que alcancemos a plenitude de nossa realização pessoal, esta ainda será pequena e limitada.

Para iniciarmos, na prática, temos que tentar anular as polarizações: o eu e o outro; nós e eles; os melhores e os piores; os bonitos e os feios. O primeiro passo para tentarmos resgatar o Caminho é anular as polaridades, fazendo, simplesmente, o que deve ser feito. Portanto, anular as polaridades significa transcender o conceito de julgamento de polaridades.

No momento em que fazemos julgamentos, criamos um vício dentro de nós. Estamos, a todo instante, julgando. Havendo julgamentos, começamos a polarizar, e deixamos de ter uma consciência que abrange, que aceita. Deixamos de conhecer o real, e assumimos o ilusório. É como se, na nossa mão, reconhecêssemos apenas o dedo polegar, deixando de lado os outros quatro dedos. Estaríamos, então, assumindo uma identidade ilusória dessa mão.

Não-ação e não-palavra são dois conceitos específicos do Daoismo. Não-ação é o famoso conceito do *wú wéi,* e não-palavra é o conceito do *bù yán*. Devemos entender não-palavra como palavra não-intencional; como palavra pronunciada sem intenção. *Wú wéi* significa ação não-intencional. É fazer, simplesmente, o que deve ser feito. No entanto, não devemos confundir a não-ação com o não fazer nada. Constantemente, os mestres daoistas nos alertam sobre esse conceito, que pode ser bastante distorcido.

> *Wú wéi* 無爲
>
> A tradução literal de *wú wéi* é a expressão "não-ação", que significa o gesto praticado através da não-ação, ou da ação não-intencional. Apesar de divulgado no Ocidente, em meados do século XX, como um conceito daoista que instava seus seguidores a "não agirem", *wú wéi* não significa a ação que deixa de ser praticada, e sim a que de fato se concretiza, mas como resultado do comando da Consciência Universal, ausente da intenção do ego. A "ação da não-ação" é a ação que se pratica através da não-ação, ou da ação não-intencional.

> *bù yán* 不言
>
> Não-palavra tem sentido de palavra que é proferida sem carregar em si a intenção do ego de quem a pronuncia.

Wú wéi significa fazer as coisas naturalmente; fazer o que tiver que ser feito; não deixar de agir; não acrescentar afazeres desnecessários; e não fugir do que deve ser feito. Não reduzir, nem acrescentar; simplesmente fazer o que é natural.

Tudo na natureza é natural. O Sol é natural, a Lua é natural, o mundo é natural, a árvore, o calor, o frio... O Sol nasce sempre dentro de seus ciclos cósmicos, assim como a Lua. A natureza age naturalmente; ela tem a sua própria ordem natural. Por que, então, o ser humano teria que fazer alguma coisa que não estivesse de acordo com a Natureza?

O Homem deve recuperar a sua naturalidade, integrando-se ao Céu e à Terra; ao Cosmos. Como tudo o que existe no Cosmos é fruto do *Dào* – ou melhor, é o próprio *Dào* em estado manifestado –, então, o Homem deve integrar-se com a parte invisível que esse todo abrange. A partir desse momento, tudo se torna o *Dào* e, dentro dessa grande condição, todas as coisas acontecem de uma forma natural, fluida e espontânea. Consequentemente, cria-se uma ordem que não é uma norma, mas sim a própria ordem natural do Universo. O Daoismo enfatiza a ordem natural das coisas. Valoriza viver cada coisa e cada instante de nossas vidas, do nosso destino, de forma natural, sem fugir das coisas como elas são, sem querer modificá-las de maneira intencional.

Este é o simbolismo do caminho da água: ela nasce no alto da montanha, vai descendo a serra, sempre passando pelos caminhos mais apropriados; simplesmente fluindo, até encontrar o oceano. No oceano, ela evapora e sobe ao céu, onde se transforma em nuvem. Então chove; a chuva penetra na terra; formam-se as fontes e, assim, a água segue sucessivamente, num infinito ciclo de transformações.

O *Yì jīng* – O Tratado das Mutações fala da impermanência do Ser e do Universo, do constante processo de transformação a que todos os seres e todas as coisas presentes no Universo manifestado estão submetidos. A condição estática é uma ilusão criada pelo nosso raciocínio e nossos sentidos.

> **Yì jīng** 易經
>
> *Yì jīng* é o Tratado das Mutações, clássico chinês da Antiguidade conhecido também como *I Ching*, cuja criação é atribuída ao sábio chinês *Fú Xī*, em aproximadamente 5.500 a.C. Baseia sua teoria no princípio de que todas as manifestações estão sempre em mutação, para expor a síntese que está presente em todo o Universo, composta pela relação entre as polaridades *yáng* e *yīn*, representadas, respectivamente, por duas linhas retas, infinitas ou limitadas, uma cheia e a outra interrompida. Estuda os movimentos e as características da linguagem binária dessas linhas, que se sobrepõem para formar os oito trigramas, representação do despertar das múltiplas manifestações do Céu e da Terra, e os 64 hexagramas, que representam todas as possibilidades dos contextos em que as manifestações acontecem. Ao lado do *Dào Dé Jīng* (*Livro do Caminho e da Virtude*) e do *Nán Huá Jīng* (*Livro da Flor do Sul*), o *Yì Jīng* (*Tratado das Mutações*) constitui um dos três livros chamados, em conjunto, de *Sān Xuán* (*Três Obras do Mistério*), estudados pela corrente mística do Daoismo denominada "Tradição Secreta". No Ocidente, o *Tratado das Mutações* é usado predominantemente como oráculo.[6]

    O apego às coisas faz o Homem morrer, e essa morte acontece a cada instante. Todas as vezes que nos apegamos a alguma coisa, morremos um pouco. Os apegos traumatizam a nossa consciência e prejudicam o nosso corpo. Dessa maneira, o Homem morre a cada instante; morre em sua consciência; morre em seu corpo. A partir do momento em que o ser humano consegue viver as infinitas possibilidades da transformação, ele não se apega mais à forma. Se pensarmos que o Universo teve um princípio e que terá um fim, estaremos nos condicionando dentro de um Universo ilusório.

    O Universo é como uma grande corrente – um elo encadeado no outro – e, portanto, é o próprio infinito. O infinito é a própria vida. A partir do momento em que nos tornarmos a infinita transformação, não conheceremos mais a morte, mas, sim, a plenitude da consciência e a plenitude da vida. Quando a vida e a consciência infinitas fundem-se num único ponto – quando se tornam um único elemento –, o Homem passa a ser chamado de imortal. Os grandes mestres daoistas ascensionados da Antiguidade são chamados de imortais.

---

6 Para mais informações, consulte a obra *I Ching, o Tratado das Mutações*; Wu Jyh Cherng; coautoria: Marcia Coelho de Souza (Rio de Janeiro: Mauad Editora, 2015) e *I Ching, a Alquimia dos Números*; Wu Jyh Cherng (Rio de Janeiro: Mauad Editora, 2001, reimp. 2003, 2013, 2.ed. 2019).

O Sol, a Lua, a água, o vento, tudo se manifesta no Universo de forma natural. O Sol não diz: "Sem a minha luz, o povo viverá na escuridão". Esse tipo de raciocínio humano está vinculado a um comportamento movido pela intenção e pelo desejo; a um comportamento característico de seres que, desde tempos remotos, perderam a sua naturalidade. O Homem deve saber deixar fluir e realizar os seus empreendimentos, mas não deve fazê-los como uma obra pessoal, personalizada. Simplesmente, deve fazer o que precisa ser feito.

O Homem Sagrado realiza a obra sem que as pessoas o percebam, e, quando termina a sua obra, retira-se sem que as pessoas lhe atribuam elogios ou reconhecimento. Porque ele simplesmente faz; não o faz para ganhar elogios. Ele não se revela; ele simplesmente faz.

> **Homem Sagrado** 圣人 *shèng rén*
> Homem Sagrado é o Sábio que alcança o nível da Sagração e dissolve sua consciência no *Dào*, dimensão à qual ele se integra. Nessa condição, deixam de existir diferenças entre o Homem Sagrado e o *Dào*: a consciência de um será a consciência do outro, o *Dào* estará no Homem Sagrado, e o Homem Sagrado será a expressão do próprio *Dào*.

O Sol traz a luz e cria a vida, mas não quer a vida para si. Ele não possui a vida. Esse espírito é fundamental: se tivermos que fazer alguma coisa, simplesmente a faremos. Concluiremos a obra e sairemos de cena, simplesmente, sem apegos. O ser humano tende a fazer as coisas com intenção e, quando as conclui, acha que tudo lhe pertence.

Aquele que não se apega às coisas, está eternamente presente. Aquele que se apega às coisas, fica para trás e passa desapercebido. Aquele que não se apega, está sempre presente, mesmo quando não é reconhecido pelas pessoas. Quem está presente, normalmente não é percebido.

Não se percebe o vazio que existe numa sala. O que se percebe são as cadeiras, a mesa, o quadro-negro. Se um dia a mesa for tirada, então, ela desaparecerá. Porém, ainda assim, o espaço da mesa continuará a existir. Se a nossa identidade espiritual for o espaço – e não a mesa –, estaremos sempre presentes.

Uma identidade espiritual que é a mesa – e não o espaço – é passageira. Por isso, mesmo o nosso corpo físico estando limitado no tempo e no espaço, mas a nossa consciência permanecendo numa condição infinita, nunca morreremos.

O que seria uma maneira não-intencional de fazer ou buscar o que desejamos? Simplesmente, agir sem o ego. Quando insistimos que aquilo que desejamos deveria ser de determinada maneira, que um certo valor deveria ser reconhecido ou conquistado de determinada maneira... Quando insistimos com muita intensidade nisso, então estamos tendo muita intenção.

Todas as coisas que têm um reconhecimento, conseguem ser reconhecidas através de um valor; através da comparação que você faz de alguma outra coisa com aquilo que você está reconhecendo; através da comparação de uma coisa com outra, de uma situação, ou de um objeto do seu desejo, com um valor que você atribui a eles.

A partir do momento em que você tem esse valor como meio de reconhecer algo, ele se torna mecânico. Esse algo passa a ser reconhecido de uma maneira artificial e, a partir daí, perde a sua naturalidade e espontaneidade. Deixa de ser algo que vem diretamente do seu coração, e será um valor especulado e desenvolvido na comparação com outras coisas.

Tudo o que pode ser comparado, e que possui uma imagem ou forma à qual você pode atribuir um nome, são coisas do mundo manifestado; e tudo o que é do mundo manifestado é impermanente; não é eterno, independentemente do nome que lhe atribuirmos.

Por exemplo: você tem uma folha de papel com um formato, uma consistência, tonalidade, cor e preço. Todos esses valores atribuídos ao papel, todas essas referências que você usa para descrevê-lo, não são suficientes para preservar esse papel como algo duradouro, porque, se você esquecer esse papel num lugar qualquer, sem nunca mais mexer nele, depois de dez ou cem anos ele irá se desintegrar e desaparecer; e, mesmo que não desapareça daqui a cem anos, daqui a dez mil anos isso irá acontecer.

Todas as coisas às quais você pode atribuir um nome são impermanentes, e todas as vezes em que tentamos atribuir um valor a alguma coisa através de um nome ou através de uma forma, estamos fazendo uma tentativa de prender esse algo. Tentamos fazer com que esse algo permaneça dentro da nossa compreensão, dentro do nosso domínio pessoal. No entanto, se daqui a dez mil anos aquele papel já não for mais esse papel, então, hoje mesmo, ele já não é o papel, e assim não temos, de fato, domínio sobre o seu real significado.

Na verdade, não temos domínio sobre nada da nossa vida: tudo morre, tudo passa. Não temos domínio nem mesmo sobre o nosso corpo ou a nossa própria vida. Nenhum de nós sabe o que acontecerá amanhã; ninguém sabe quem de nós estará vivo na próxima década; o que poderá acontecer com os objetos de que mais gostamos, pois estes podem quebrar ou se perder...

Todas as coisas do mundo manifestado – todas as coisas do Universo – estão em constante transformação, mudam sempre, nunca têm a mesma forma; por isso, são impermanentes. Se você conseguir reconhecer a sua natureza de eterna mutação, ou seja, se você conseguir reconhecer que todas as coisas são mutáveis, você conseguirá aproximar-se e alcançar a sua verdadeira identidade, que é a constante mutação.

É preciso saber aceitar a mudança, porque a vida muda, o sentimento muda, a imagem muda. Não se deve ter apego a uma imagem ou a um sentimento, pois, dessa forma, consegue-se aceitar muito melhor o que acontece na sua vida. Quando insistimos em agarrar um sentimento, uma imagem, um acontecimento, um valor, estamos, na verdade, apenas tentando agarrar o impermanente, tentando fazer com que o impermanente seja permanente, tentando fazer com que o mutável se torne imutável. Mas essas tentativas serão sempre frustrantes.

Quando nos apegamos a algo, significa que estamos insistindo para que esse algo seja do jeito que queremos, e insistir nesse desejo significa que estamos buscando ou fazendo algo (criando ou trabalhando) de maneira intencional. Assim, todas as vezes em que, por exemplo, uma beleza e mesmo uma bondade são intencionalmente mantidas, essa insistência torna tanto a beleza quanto a bondade artificiais.

Muitas pessoas submetidas a valores, condicionamentos ou, até mesmo, ameaças e temores sentem-se obrigadas a manter um determinado padrão de beleza ou um determinado padrão de bondade. Essas belezas e bondades podem até se assemelhar à beleza e à bondade de outra pessoa que as manifesta espontaneamente; a única diferença é que uma pessoa sob condicionamento realiza aquele padrão de uma maneira mecânica, sem o verdadeiro sentimento. Apenas repete o protocolo daquele grau de bondade ou beleza, enquanto a outra exprime a bondade e beleza de uma maneira espontânea. Muitos desses protocolos repetidos mecanicamente foram criados pelos Homens sábios, que descreveram como a beleza e a bondade deveriam ser manifestadas. Há casos em que uma pessoa que não acredita nos dogmas ou preceitos de bondade e beleza, depois de uma profunda experiência mística ou jornada espiritual, chega à essência do seu Ser, e, a partir daí, passa a ser uma pessoa sem intenção, naturalmente bondosa e bonita. Seus gestos tornam-se bonitos e bondosos, e, na aparência, poderão ser parecidos com os gestos daquela pessoa que é bonita e bondosa mecanicamente. Essa semelhança pode ocorrer.

Assim, muitas vezes acontece de uma pessoa e outra fazerem coisas muito parecidas: por exemplo, uma pessoa que pratica a bondade sem intenção e uma outra que pratica a bondade por julgar que aquilo é bondade ou, até mesmo, por usar a bondade para se promover. Quem observa do lado de fora, nem sempre consegue ver a diferença entre uma e outra; não consegue distinguir a pessoa que pratica a bondade verdadeira – que nasce do seu coração – da outra, que pratica a bondade falsa ou condicionada. Entretanto, não devemos julgar essas pessoas e classificá-las como ruins ou bondosas. Muito pelo contrário; justamente porque, na prática, não conseguimos distinguir quem é espontaneamente e quem é forjadamente bondoso, não nos cabe julgar se aquela bondade praticada é verdadeira ou falsa, se é espontânea ou não. Toda vez que observamos uma pessoa fazendo uma bondade de forma hipócrita, ajudando alguém e beneficiando o mundo, devemos, isto sim, reverenciá-la pela bondade que fez, sem nos importarmos se a sua intenção foi falsa ou não. Do mesmo modo, devemos reverenciar aquele que é espontaneamente bondoso pela sua própria bondade; pelo benefício que ele ou ela realizou; e não pela sua espontaneidade, porque não sabemos o que está no íntimo de cada pessoa. Nunca poderemos saber se essa bondade ou beleza veio do coração da pessoa, ou da sua maneira racional e estruturada de ser.

Em nenhum dos casos nos cabe julgar se a bondade ou a beleza alheia é verdadeira ou não. O que nos cabe é nos voltarmos para dentro de nós mesmos para entendermos de onde veio essa realidade do que é bonito e bom; o que é a verdadeira bondade ou a verdadeira beleza; e o que é a bondade ou a beleza espontânea e natural. Dessa maneira, tentaremos discernir e trabalhar essa questão dentro de nós mesmos. Devemos fazer essa reflexão em relação a nossos próprios atos, e não em relação aos atos de outras pessoas.

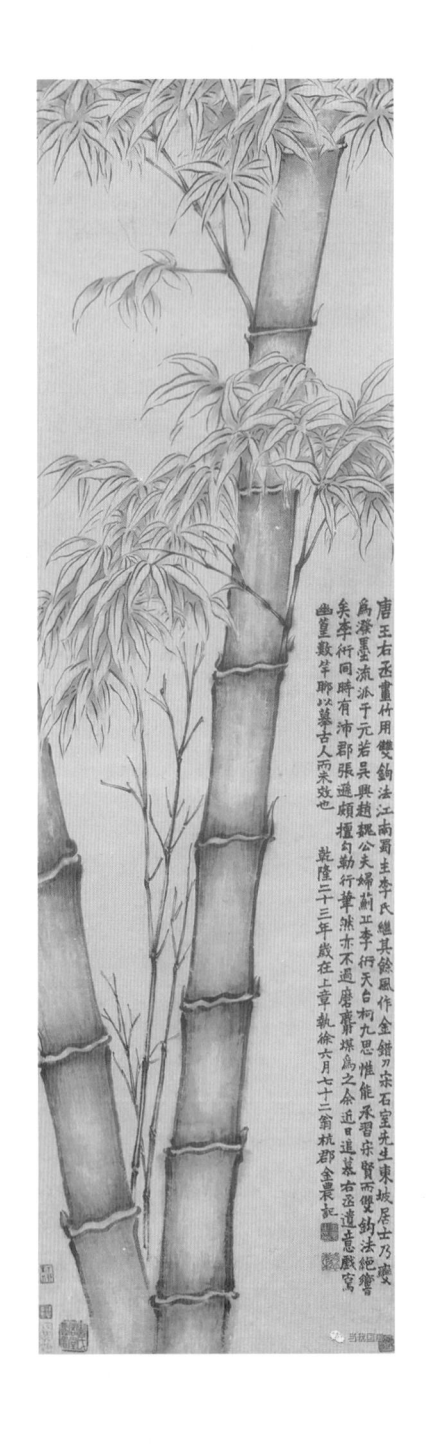

唐王右丞畫竹用雙鉤法江南蜀主李氏繼其餘風作金錯刀宋石室先生東坡居士乃變烏瀋墨流沠于元若吳興趙公夫婦薊正李衎天台柯九思惟能承習宋賢而雙鉤法絕響矣李衎間時有沛郡張遜顧安擅勾勒行筆然亦不過磨崖堞㠍之餘近日遂亡丞遺意戲寫幽篁數竿聊以摹古人而宋效也
乾隆二十三年歲在上章執徐六月七十二翁杭郡金農記

CORAÇÃO VAZIO

> Coração Vazio 心齋 xīn zhāi
> O termo "coração", em chinês, tem dois sentidos unidos numa palavra só: "coração" e "mente ou consciência".
> A palavra xīn pode ser traduzida por "coração", "centro" ou "essência do Ser".
> "Coração esvaziado" ou "coração vazio" é o coração esvaziado do ego ou das impurezas.

Os nossos pensamentos e emoções se refletem no nosso corpo físico. Podemos comparar o nosso corpo com um reinado, cujo povo é formado por inúmeras células. Essas células seguem a orientação e o exemplo de nossa consciência. Quando a nossa consciência não valoriza os tesouros, não enobrece a matéria, e não admira o que é desejável, o nosso corpo fica propenso à disputa, à cobiça e à desordem. E, ao contrário, se a nossa consciência dá valor aos tesouros, podemos viver de uma maneira naturalmente harmônica e equilibrada.

> Os Três Tesouros, no Daoismo, são a humildade, a simplicidade e a afetividade. Quem pauta sua vida por essas virtudes, alcança a naturalidade de gestos e comportamentos.

Em função da natureza do Homem, a estrutura das nossas sociedades sempre recai em um modelo tipo pirâmide, ou seja, em um modelo social em que existe um líder. Mesmo que seja criada uma sociedade igualitária, na qual não haja patentes e categorias, com o transcorrer do tempo, pela própria natureza do Homem, surgiriam líderes – pessoas que se destacam – e grupos que se aglutinariam em camadas sociais bem definidas. Todos esses grupos sociais sofreriam a influência desses líderes.

Historicamente, podemos citar o exemplo da Revolução Cultural na China. No princípio, todas as pessoas, independentemente de sua profissão, função ou grau de parentesco, chamavam-se uns aos outros de "camaradas". Entre os militares, foram excluídas as patentes, as insígnias e os uniformes que os distinguiam. Porém, com o passar dos anos, foram identificadas pessoas que se destacavam de alguma forma em relação à maioria. O próprio governo, que inicialmente havia proposto e organizado um tipo de convivência sem distinção de níveis, sem perceber, iniciou a quebra do modelo igualitário, ao eleger essas pessoas como exemplos de conduta. Foram escolhidos cidadãos que representavam exemplarmente o espírito revolucionário: trabalhadores recebiam o título de "operário exemplar", etc. Como resultado, a estrutura social voltou a funcionar como uma pirâmide; as pessoas que se destacaram passaram a influenciar, liderar ou comandar as outras. Além disso, entre os militares, apesar de aparentemente ter sido abolida a distinção entre um soldado e um general (pois todos usavam o mesmo uniforme), a hierarquia militar sempre se manteve. Assim, podemos concluir que, após a Revolução Cultural, apesar de não terem existido nomes para classificar as funções dos diferentes membros da sociedade chinesa, o modelo baseado em referências voltou a vigorar como consequência da natureza do Homem.

Todas as pessoas que, por algum motivo, em algum momento de suas vidas, ocupam uma posição de destaque, tornam-se referência para as demais que não ocupam uma condição semelhante. Acabam, pois, influenciando o comportamento dos demais indivíduos da sociedade. Quando alguém que ocupa uma posição de destaque valoriza determinados tesouros, as demais pessoas passam a valorizar os mesmos tesouros. Ou seja, quando um governante valoriza em excesso determinados bens materiais, esses bens tornam-se símbolos de poder e status. Como consequência, as pessoas passam a disputar esses bens, o que gera conflito e desordem. Do mesmo modo, quando as pessoas enobrecem determinados bens, principalmente aqueles de difícil aquisição, esses bens, independentemente do seu valor original, adquirem maior importância dentro da sociedade, gerando cobiça entre os indivíduos. Por exemplo, quando alguém que se encontra em uma posição de destaque passa a beber somente uma determinada marca de água mineral, as pessoas começam a cobiçar, em demasia, aquela água. Aqueles que conseguem adquiri-la, sentem prazer em mostrar aos outros que podem consumi-la. Sentem-se orgulhosos em poder oferecer aquela água a uma visita. A visita, por sua vez, fica admirada, e agradece tamanha consideração. Assim, podemos dizer que quando um líder cultiva a cobiça, o povo também acaba cultivando a mesma cobiça.

Quando um líder nunca está satisfeito com aquilo que possui – sempre admirando ou desejando algo que está além do seu alcance –, sua insatisfação pessoal reflete-se na população. Ou seja, o coração intranquilo de um governante provoca uma intranqüilidade geral nas pessoas, que perdem a quietude e o silêncio interior. Por esse motivo, as pessoas em posição de destaque, conscientes do reflexo de suas atitudes nas outras pessoas, devem procurar transcender apegos e desejos, evitando que os seus gestos influenciem negativamente inúmeras pessoas. Dessa forma, o mundo se tornaria, naturalmente, mais harmonioso e tranquilo.

Por outro lado, devemos estar atentos para não interpretarmos de modo radical o que foi dito acima. Não devemos pensar que os seguidores do Daoismo não querem, não precisam, não gostam, nem sequer conferem valor a coisa alguma. O que o Daoismo propõe, de fato, é que as pessoas não alimentem anseios e desejos exacerbados, e que elas não supervalorizem bens materiais. Assim, quando conquistarmos ou ganharmos bens valorizados pela sociedade, não nos sentiremos superiores, e se caso os perdermos, não nos sentiremos desolados.

Todas as manifestações da existência são passageiras. Conscientes da impermanência do Universo, devemos permitir que tudo aconteça de uma maneira fluida e solta. Quando alcançamos esse estado de consciência, podemos conviver com a fama e com a perda da fama; com a fortuna e com a perda da fortuna; com o poder e a ausência de poder, sem nos tornarmos prisioneiros de nossos sentimentos. Por outro lado, quando nosso coração (consciência) ainda se encontra no nível do apego, valorizamos, enobrecemos e admiramos demasiadamente a fama, a fortuna e o poder. Antes de possuirmos algo, nos esforçamos para adquiri-lo; enquanto conseguimos mantê-lo, nos preocupamos e angustiamos com o receio de perdê-lo; e após a inevitável perda, ficamos desolados e inconformados. No nosso destino, estamos sempre ganhando ou perdendo, enriquecendo ou empobrecendo, tendo êxito ou fracasso. Não podemos saber o que acontecerá no futuro, pois sempre surgirão acontecimentos ou fatos imprevisíveis. Não existe dificuldade que perdure para sempre, como também não existem fortuna e prosperidade que sejam eternas, pois tudo está em constante transformação. Enquanto o nosso coração não estiver límpido e esvaziado – desapegado de tudo e de todos que passam por nossas vidas –, estaremos sempre enfrentando o problema de desejar algo ou alguém que não possuímos; de temer a perda do que conquistamos; e de ficarmos aborrecidos e entristecidos quando finalmente perdemos o que adquirimos.

Devemos tomar cuidado para não julgarmos as pessoas que possuem fama, fortuna e poder como pessoas más. Senão, nos colocaríamos numa condição em que a fama, a fortuna e o poder seriam rejeitados em nome de um suposto "bem", que, na verdade, seria artificial. Por exemplo, quando uma pessoa diz: "Não gosto de aparecer; não gosto de dinheiro; quero distância de pessoas famosas, ricas e poderosas", de fato, essa pessoa não está sendo honesta consigo mesma. Ela simplesmente está desprezando aquilo que não consegue possuir. Ela diz: "Não é que eu não possa ter, é que eu não preciso". O Daoismo alerta para não cairmos nessa armadilha, pois, além de não ser saudável cobiçar o que não possuímos, também não é saudável fazer uma espécie de "contracobiça", que, na verdade, seria falsa. Porque todo ser humano, no seu âmago, deseja sentir-se bem. Obviamente, algumas pessoas exageram na busca de seu bem-estar, mas, por outro lado, quando alguém diz que não gosta de viver bem, comer bem, e vestir-se bem, de fato, não está sendo sincero.

No Daoismo, o termo "coração vazio" tem o sentido oposto ao da expressão ocidental "cabeça cheia". Uma pessoa que não tem o coração vazio está com a cabeça carregada de pensamentos, preocupações e emoções. Suas atitudes e reações perante os acontecimentos da vida são complicadas e complexas. Como se encontra em uma condição de excesso, qualquer fato novo, mesmo em relação a outras pessoas, é motivo para encher ainda mais o seu coração. Por exemplo, ao receber um elogio, uma pessoa pode reagir de maneira complexa, como procurar um motivo mais profundo para o elogio; desconfiar de que a pessoa está com inveja; sentir-se vaidosa; irritar-se, por não gostar de elogios; interpretar como uma "cantada", em vez de simplesmente recebê-lo. Somente esvaziando o coração, é possível não valorizar, não enobrecer e não admirar as coisas da vida, que, apesar de suas funções e utilidades, são passageiras. Até o nosso próprio corpo físico – que tomamos emprestado de nossos pais – teremos que devolver ao mundo no final de nossas vidas. Já que viemos sem nada e retornaremos sem nada, por que sofrer durante a vida, apegando-nos a coisas impermanentes? Por que viver com o coração inquieto por não possuir algo, por temer a sua perda, ou por lamentar a perda em si?

Quando nosso coração está constantemente inquieto e intranquilo, perdemos nossa paz interior, ficamos confusos, e passamos a não nos entender. Consequentemente, também não conseguimos entender os outros, e os nossos relacionamentos tornam-se difíceis e complicados.

Devemos ter força de vontade (estrutura) para realizar empreendimentos necessários, porém, sem desejos em demasia. Devemos saber diferenciar determinação e retidão (que é uma força interior que nos leva à realização) de apego e obsessão. Pois quando nosso coração não está límpido, a vontade torna-se obsessiva, algo repleto de desejos e intenções pessoais.

Tendo o coração sincero e verdadeiro, agindo sem esperteza ou malícia, e mantendo-se distante da complexidade dos conhecimentos e informações, surge a harmonia natural de todas as coisas.

Por exemplo, em um grupo de amigos, quando não existem interesses específicos de alguém, quando ninguém deseja benefícios pessoais, e quando não existem receios, temores ou precauções, todos se relacionam com o coração vazio e, nesse caso, surge uma organização natural que independe de liderança. Mas, se alguém começar a arquitetar planos, surgirá a desconfiança e, a partir desse momento, os relacionamentos serão completamente diferentes. Esse tipo de problema acontece em todos os níveis, podendo envolver um grupo de amigos, uma família, uma comunidade, uma instituição, uma empresa, uma nação, e até o mundo inteiro.

Em resumo: não devemos valorizar determinadas coisas em relação a outras, desejando e protegendo umas, e desprezando outras. Normalmente valorizamos somente determinadas coisas e não valorizamos outras; protegemos umas e até depredamos outras em favor daquelas que valorizamos. É o caso de Serra Pelada, onde foi cavado um buraco enorme, causando um desastre ecológico imenso, porque as pessoas dão muito valor ao ouro e se esquecem de dar valor a cada árvore, cada inseto e cada pedrinha que está lá. Cada pessoa que vive naquele lugar, cada pássaro, cada elemento tem o seu valor, mas, em função do valor do ouro, todos os outros são jogados fora... Por isso Serra Pelada[7] virou um grande desastre ecológico.

Não valorizando os tesouros materiais, passamos a perceber o verdadeiro valor de todas as coisas, adquirindo uma condição de vida melhor e mais saudável. É preciso usar o ouro no lugar do ouro, a prata no lugar da prata e o ferro no lugar do ferro. Pois, apesar do seu preço, o ouro não é mais valioso do que o ferro, quando se trata de fazer uma enxada...

---

7 Serra Pelada foi o maior garimpo a céu aberto do mundo, localizado na Serra dos Carajás, no estado do Pará, Brasil. Nos anos 1980, de lá foram retiradas toneladas de ouro. Hoje resta uma enorme cratera alagada e contaminada por mercúrio. No auge da atividade garimpeira, o fotógrafo Sebastião Salgado esteve lá e tirou inúmeras fotos artísticas do local e dos garimpeiros (N.E.).

冷香透骨風稜稜此時對空僧頭大枕郡金農

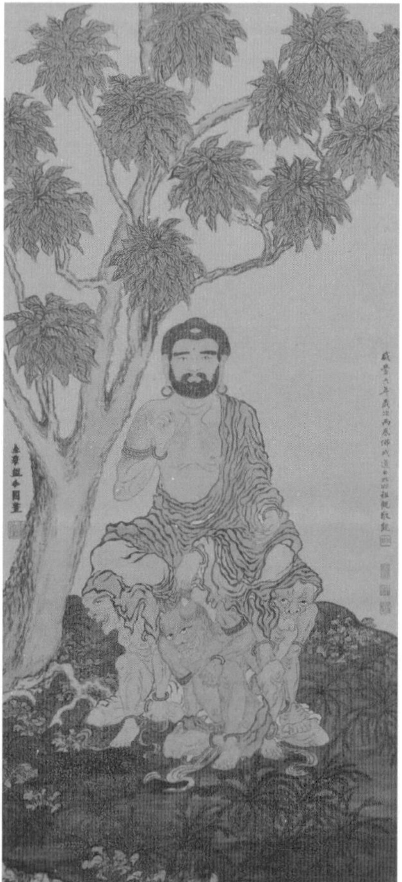

A SOMA DO ZERO COM O UM

O *Dào*, ou seja, o Caminho, na condição de Absoluto, é uma espécie de Vazio. Esse Vazio não significa a ausência da forma, mas, sim, a potencialidade de criação de todas as formas. É, paralelamente, uma condição passiva e criativa. É a origem da existência e a existência propriamente dita, na sua forma integral e nas infinitas possibilidades que fazem parte desse todo. É uma energia inesgotável que encerra a existência em si, que está além da existência, além do tempo e do espaço infinito.

Na meditação daoista, buscamos um estado interior, similar ao Vazio. Nessa condição de esvaziamento, é possível que ocorra a captação de energia do *Dào*, que passará a fluir em todo o nosso corpo, de forma desimpedida. Podemos imaginar todos os seres do Universo captando essa energia. Mesmo assim, a energia do Absoluto não se esgotará.

O motivo pelo qual o ser humano tem a vida e a consciência limitadas, é o apego ao ego. Esse apego faz com que o ser humano se considere uma espécie de ser isolado do Absoluto. Esse sentimento limita e condiciona a energia vital do ser humano, ou seja, limita e condiciona a sua vida.

Na prática espiritual, devemos recuperar o modo incondicional de viver, permitindo que toda a energia do Universo passe livremente por nós, de uma maneira completamente desimpedida. Dessa forma, nos tornamos mais vivos e ampliamos a nossa consciência. Na meditação daoista, alcançamos essa condição através da fusão da Consciência (espírito) com a energia (Sopro). A energia está presente em tudo e em todos, como algo vital que pode atravessar todas as coisas, sem ser impedida, formando uma grande teia invisível que entrelaça toda a existência. A partir do momento em que conseguirmos fundir Consciência e energia, nossa consciência poderá transpassar a matéria física sem impedimentos, e estaremos inteiramente integrados ao Universo. A partir de então, nossa energia e Consciência serão ilimitadas. A isso se chama de imortalidade; é a vida (energia) e a Consciência infinita; é a união da Consciência ilimitada com a energia incondicional, que jamais se esgotará.

> Sopro é energia; e Sopro Inicial é a energia pura, constituída de um Vazio de manifestações, que é condição primordial para que possam ser geradas todas as manifestações. É chamado de inicial porque representa a raiz de todas as existências, princípio único de todas as manifestações.

Para alcançarmos a imortalidade, é necessário realizarmos quatro tarefas. Temos de:

1. eliminar a esperteza, a malícia, e a engenhosidade, para recuperarmos a naturalidade;
2. desatar os nossos bloqueios.

    Sempre que experienciamos uma situação difícil, forma-se um trauma (um bloqueio) em nosso interior. Desde que nascemos, ao longo de nossas vidas, convivemos com a felicidade, a tristeza, o prazer, o sofrimento, a realização, a frustração, e outros sentimentos. Esses formam inúmeros nós no nosso interior. Para que a energia do Absoluto possa fluir livremente, para que a nossa Consciência possa ser livre para perceber, sentir e compreender, precisamos desatar os nós interiores, precisamos nos desbloquear;

3. nos assemelhar à Luz.

    Certa vez, Mestre Mǎ me disse: "Cada um de nós tem uma consciência. Essa consciência assemelha-se à Luz. Quanto maior o grau de consciência, maior a lucidez".

    Quando um ser atinge o estado de iluminação, ele alcança uma espécie de lucidez plena. Nessa condição, o ser humano passa a contemplar o mundo com extrema clareza. Intrinsecamente, cada um de nós já possui essa lucidez.

No entanto, em geral, essa Luz está encoberta e reprimida pelas nossas emoções, pelo nosso apego. Para resgatarmos nossa condição original, é necessário, primeiro, recuperarmos essa Luz dentro de nós, para, somente então, unirmos a nossa Luz (nossa consciência individual) com a grande fonte de Luz (a consciência coletiva ou universal). A partir dessa condição, é necessário unirmos a consciência universal com a consciência do Absoluto. Em resumo, a grande meta consiste em unir uma Luz com dez mil Luzes, ou seja, com todas as Luzes. Quando a luz de uma lanterna se une com as luzes de um salão, deixa de existir a luz individual da lanterna, pois ela se incorpora à luz coletiva do salão. Ao mesmo tempo, a luz coletiva passa a fazer parte da luz individual. Em outras palavras, quando a nossa consciência se funde com a Consciência universal, a Consciência universal passa a ser a nossa consciência. Por esse motivo, a consciência individual se expande. Pelo mesmo motivo, podemos entender por que um mestre espiritual tem mais lucidez e discernimento do que uma pessoa comum. Apesar de o corpo do mestre espiritual ser equivalente a uma lanterna, sua Luz equivale à luz de um potente holofote;

> **Consciência universal** ou Consciência Una é a consciência da Unidade. Também chamada de semente espiritual pela teologia daoísta, encontra-se presente em todos os seres e possui o tempo de inifinitude, porque não teve início nem terá fim. Simboliza a consciência pura e íntegra, a Unidade que não se fragmenta, e é considerada pelo Daoismo como a verdadeira consciência de uma pessoa porque as manifestações que nascem diretamente do seu comando não passam pelas vontades do ego.

4) abraçar todas as coisas dentro de nós.

A partir do momento em que a nossa consciência consegue unir-se com a Consciência que abraça toda a existência (que é a própria Consciência do Dào), todos os Universos e tudo o que existe nesses Universos – milhares de seres, planetas e galáxias – tornam-se infinitos pontos de "poeira" dentro de nós.

O Homem comum tem a consciência dentro do corpo, enquanto o Homem iluminado tem o corpo dentro da consciência. Normalmente, sentimos que estamos dentro do nosso corpo e não conseguimos ter consciência daquilo que está fora de nós. Por esse motivo, nossa consciência e compreensão vêm do interior para o exterior. Por outro lado, o Homem iluminado tem a consciência não somente fora do seu corpo, mas também fora de todos os corpos e de todas as formas. O Homem iluminado abraça todos os seres e todas as formas dentro de si, como se fossem pontos de luz e de poeira dentro de um mundo de Luz. Esse é o sentimento e o estado de quem está iluminado.

Entre os milhões de pontos que estão imersos nessa Luz, alguns podem representar os antigos corpos de vidas anteriores, ou, até mesmo, o corpo atual que ainda vive. No entanto, cada partícula do Universo muda, desaparece, dando lugar a outras formas. Apesar de toda e qualquer "poeira" não estar livre do processo de transformação – inclusive o atual corpo do Homem iluminado –, a consciência permanece. Esse é o estado da imortalidade.

Na compreensão do Daoismo, a consciência onipotente (o Deus onipotente) é o *Dào* em estado manifestado. A consciência do Absoluto (o Deus Absoluto, o Vazio que abraça todas as consciências) é o *Dào* em estado latente. O *Dào* em estado latente é anterior ao *Dào* em estado manifestado.

O Vazio do Absoluto pode ser representado pelo zero, enquanto a onipotência pode ser representada pelo um. A soma do zero (o Deus Absoluto) com o um (o Deus onipotente) forma o *Dào* como totalidade. Dessa maneira, uma pessoa que alcança a sagração, tem a consciência do zero e o corpo do um. Ele ou ela é o próprio Absoluto, ou seja, ele ou ela é o Vazio que está por trás da onipotência e, simultaneamente, ele ou ela é a própria onipotência. Sua consciência é a consciência do Absoluto; seu corpo é o próprio Universo; e seu pensamento é o próprio pensamento do Deus onipotente.

余畫此牆墨竹無蕭灑之姿有顢頇之狀大佀玉川子在揚州覊旅所見蕭郎空室中數竿也余亦家居斯土如玉川之無依宜乎與君蒼涼喪其天眞而無好面目也嘆人之相遇固然相同物固已隨之可怪已歟
乾隆庚午五月稽留山民金農題記

A AUTÊNTICA VIDA

Na prática espiritual, quando conseguimos relaxar, percebemos que existe um Vazio dentro de nós. Quanto maior o estado de relaxamento, maior a percepção da dimensão do Vazio. O resgate desse Vazio é a base do caminho espiritual.

A sua importância pode ser sintetizada através de uma história a respeito de um mestre cujo discípulo, na busca da confirmação do seu caminho espiritual, procura subjugar o mestre em um debate altamente metafísico, repleto de conceitos e teorias. Ao perceber o problema, o mestre convida-o para tomar chá. Ao servi-lo, enche completamente a sua xícara, deixando o chá transbordar continuamente. Ao avisar o mestre que o chá está transbordando, recebe o seguinte ensinamento: "Pois é, meu caro rapaz, quando a xícara está cheia, não cabe mais nada nela. Por isso, o Vazio interior é fundamental...".

Geralmente, estamos tão cheios, com tudo tão espremido e comprimido dentro de nós, que nos tornamos rígidos e sem espaço para a entrada de novas ideias, conceitos ou energia.

No caminho espiritual daoísta, não importa o que estejamos praticando, o nosso interior deve sempre permanecer num estado de Vazio. Mesmo recitando cânticos e mantras[8], mesmo lendo e cantando, mesmo tocando instrumentos ritualísticos, mesmo acompanhando uma cerimônia, o nosso estado interior deve ser sereno, quieto e vazio. Não devemos alimentar pensamentos, ideias, julgamentos, desejos ou intenções. Devemos, simplesmente, cantar, permitindo que as palavras fluam livremente, sem intervenção. Esse é o estado de consciência do "Autêntico Vazio". Mesmo após estudar e aprender os significados dos cânticos e mantras, simplesmente esvazie a sua mente e repita as palavras,

---

8   Mestre Cherng refere-se, aqui, aos cânticos e mantras entoados, em chinês, durante os rituais realizados nos templos da Sociedade Taoísta do Rio de Janeiro e de São Paulo (N.E.).

sem tentar entender o significado delas. Procure colocar a consciência dentro do Sopro, e deixar o seu interior o mais vazio possível. Quanto maior o Vazio interior, maior o espaço interior. No nível espiritual, o espaço interior de uma pessoa é infinito, podendo acolher todo o Universo. A esse estado de ser, o Daoismo chama de "Espírito do Vale", que é a própria consciência do Vazio. Ao buscarmos um relaxamento físico, tranquilizando a nossa respiração e acalmando a nossa mente, aumentamos o estado de Vazio interior. Consequentemente, alcançamos um outro grau de consciência, aumentando a fluidez e a qualidade da nossa energia, sangue, fluidos e essências. Como resultado, temos benefícios nos níveis físico, energético e espiritual. Pois a nossa consciência é o próprio veículo do espírito.

> **Espírito do Vale** 谷神 *gǔ shén* simboliza a consciência que possui o mesmo atributo do vale: da mesma forma que ele é um espaço vazio que recebe todas as águas dos rios que o procuram, a consciência que tem a qualidade do "espírito do vale" coloca-se como um espaço vazio de impurezas para receber todas as expressões da vida, simbolizadas pela água.

O contrário também é verdadeiro: tudo o que tem uma forma, uma imagem e um sentido é impermanente, e, mais cedo ou mais tarde, desaparecerá. O nosso corpo físico, desde o momento em que nasce, à medida que o tempo passa, vai se transformando, crescendo, envelhecendo e morrendo. Tudo o que tem forma – não importa se concreta ou abstrata – está em constante transformação, e passa por um princípio, um durante e um fim. Todas as formas têm vida e morte. Por outro lado, aquilo que não tem forma, não se modifica, não envelhece e não morre.

No nosso caminho espiritual, devemos resgatar essa consciência, que, de fato, é a nossa verdadeira consciência. A partir desse resgate, nosso espírito passa a ser um espírito imortal, e não mais uma alma mortal. Alcançada essa condição, a nossa consciência permanece indefinidamente no seu estado original, não havendo mais a possibilidade de decaimento da qualidade da consciência.

Na linguagem simbólica do *Yì jīng*, o Céu é *yáng* – é criativo e ativo – e a Terra é *yīn* – é abrangente e receptiva[9]. Tanto *yáng* quanto *yīn* nascem do mesmo princípio, que, por sua vez, nasce de um portal. O princípio, chamamos de *"Tài Jí"*.

> *Tài Jí* 太極 significa Extremidade (Jí) Sublime (Tài) e representa o *Dào* manifestado em sua totalidade, como Unidade ou Universo; a força criativa ou a criatividade que gera todas as existências. Nele encontra-se a mais perfeita união do *yīn* e *yáng*, sem máculas. Seu símbolo é conhecido no Ocidente pela expressão '*yīn* e *yáng*' e sugere a imagem do *yīn* gerando *yáng* e *yáng* gerando *yīn*, permanentemente, dentro de um círculo.

Quando abrimos esse portal, entramos no estado de consciência do Absoluto, que é infinito e inesgotável.

Nesse ponto, fica claro que a porta que devemos abrir, para encontrarmos a libertação do nosso espírito, é a própria porta que se abre para a criação do *yáng* (Céu) e do *yīn* (Terra); e que esta porta é aberta através do resgate do Espírito do Vale; do Espírito do Vazio.

Entre o Céu e a Terra, entre a existência e a não-existência, entre a forma e a não-forma, surgem os dez mil seres e as dez mil coisas. Para que possamos resgatar esse estado original, precisamos, na prática da meditação, buscar um estado em que convivam, ao mesmo tempo, a condição de ser e de não-ser, a condição da forma e da não-forma.

Para iniciar o processo meditativo, antes de mais nada precisamos eliminar a agitação e a ansiedade[10]. E, uma vez meditando, precisamos manter o estado de quietude e serenidade, independentemente de fatores externos ou internos, como ruídos ou diálogos interiores.

---

9 Aqui, Mestre Cherng refere-se aos hexagramas 'Céu' e 'Terra' no *Yì jīng* (N.E.). Para mais informações, consulte as obras *I Ching, o Tratado das Mutações*; Wu Jyh Cherng; coautoria de Marcia Coelho de Souza (Rio de Janeiro: Mauad Editora, 2015) e *I Ching, a Alquimia dos Números*; Wu Jyh Cherng (Rio de Janeiro: Mauad Editora, 2001, reimp. 2003, 2013, 2.ed. 2019).

10 Para mais informações sobre a prática de meditação, consulte o *Guia de Meditação para Principiantes*, Lîla Schwair (Rio de Janeiro: Mauad Editora, 2020), à disposição no QR Code no início deste livro ou pelo e-mail guiademeditacao@gmail.com. Sobre a meditação daoísta, de modo aprofundado, consulte *Meditação Taoísta*; Wu Jyh Cherng; coautoria de: Marcia Coelho de Souza (Rio de Janeiro: Mauad Editora, 2008).

Porém, nosso comportamento não deve ser rígido, mas, sim, suave e constante. Não devemos repelir pensamentos, mas permitir que, da mesma forma que surgiram, desapareçam novamente. Também não devemos nos apegar a resultados, desejando manter, de qualquer maneira, uma determinada qualidade de meditação. Pois tudo o que é rígido, dura pouco. Até mesmo uma grande árvore, com toda a sua robustez, não aguenta uma forte ventania. Por outro lado, o bambu, devido à sua suavidade, maleabilidade e flexibilidade, nada sofre durante a ventania.

Esse tipo de comportamento, suave e constante, deve nortear todos os momentos da nossa vida. Não basta buscarmos esse comportamento somente na meditação; devemos ampliá-lo para todos os instantes da vida diária: nas relações sociais, no trabalho, no lazer, no supermercado, na alimentação, no ônibus lotado, na queda do dólar... Não adianta brigarmos o tempo todo com os acontecimentos da vida, pois para toda ação existirá uma reação. O segredo reside em fluir com suavidade, sem desgastes, conduzindo a vida com constância. Pois aquela pessoa que conduz um trabalho, um estudo ou qualquer outra atividade sem constância, estará, o tempo inteiro, criando e destruindo um propósito. Estará sempre vivendo a alternância da vida (criação) e da morte (destruição). A constância é a anulação desse processo dual, no qual vida e morte são condições antagônicas. Na ausência da vida como antítese da morte, ou na ausência da morte como antítese da vida, surge a autêntica vida. E, nessa condição, o tempo não tem mais importância.

Na civilização contemporânea, prevalece a cultura do imediatismo, em que tudo precisa ser rápido e sem demora. A formação escolar, a alimentação, a solução de um problema, a cura de um mal-estar, tudo é feito às pressas, com ansiedade e tensão. Um jovem vive, hoje, em dez anos o que uma pessoa, em épocas passadas, viveria, sem estresse, em oitenta anos. Como resultado, surgem inúmeras doenças e neuroses. No Daoismo, acreditamos que cada um de nós nasce com uma determinada quantidade de Sopro ou energia, que funciona como uma espécie de combustível da vida. A quantidade de Sopro inicial e a maneira como fazemos uso desse Sopro definem a duração de uma vida. Se uma pessoa vive agitada e dispersa, sempre com pressa, participando de inúmeras atividades e tarefas, sem tempo para alimentar-se e descansar adequadamente, com certeza consumirá muito mais rapidamente o seu combustível, tornando a sua vida muito mais curta. Por outro lado, ao usufruir a vida, sem se apressar, vivendo o presente com calma e tranqüilidade, poderá prolongar por muito mais tempo a sua potencialidade vital.

木邊林下一株兩株瘦影看來有若無白て朱て畫不盡是花鬚

千二隻

金粟畫手揚州寓舍

A CONSTÂNCIA DO CÉU E A DURAÇÃO DA TERRA

Há uma diferença entre a constância e a duração. A duração, apesar de poder ser por um longo tempo, tem um princípio e um fim. A constância, não. A constância não tem princípio, nem fim. O Céu simboliza o Vazio – o *yáng* do espaço. A Terra simboliza a forma – o *yīn* da matéria. Todas as matérias têm forma. As matérias e as formas existem no espaço dentro do Vazio. Dessa maneira, o Vazio do espaço é simbolizado como o Céu; e a matéria são as matérias formais que existem dentro desse espaço. No cosmos, as coisas funcionam assim. Esse Vazio do Céu (Vazio do espaço) é constante; não tem princípio, nem fim, por isso é *yáng*; e o *yáng* é criativo, é a constante criatividade. A constante criatividade não tem princípio, nem fim; por isso chama-se a constante criatividade. Se a criatividade tem um princípio e um fim, deixará de ser uma constante criatividade. A Terra é o fruto criado dentro dessa potencialidade chamada constância. A duração, portanto, está dentro da constância. A Terra, os planetas e as estrelas estão dentro do espaço, assim como o *yīn* está dentro do *yáng*, ou as formas estão dentro do Vazio. A soma da forma com o Vazio – a união do Céu com a Terra – gera, então, o cosmos e o Universo. A essa união damos o nome de *Tài Jí.*

A arte marcial *Tài jí quán (Tai chi)* é inspirada no conceito do *Tài Jí;* o *yīn* e o *yáng* estão em constante movimento. Trabalha-se o tempo todo com a integração entre a energia *yáng* e a energia *yīn*, ao tomar-se consciência da polaridade, dos opostos. Também trabalha-se, constantemente, com a forma em relação ao espaço. Cada movimento que se faz no espaço traz a consciência, não apenas do corpo, como também do espaço em si. O espaço ligado ao corpo forma o *Tài Jí,* em que a parte inferior do corpo junta-se à parte superior do corpo. O movimento corporal e a mente, unidos, formam o *Tài Jí.* A mente é *yáng*, o corpo é *yīn*; o lado direito é *yáng*, o lado esquerdo é *yīn*; a parte superior é *yáng*, a parte inferior é *yīn*. O corpo é *yīn*, e o espaço que abriga o corpo é *yáng*. Trabalha-se o tempo todo com essa consciência.

> *Tài jí quán* 太極拳 é uma arte marcial chinesa interna, praticada tanto para o treinamento de defesa quanto para os benefícios de saúde e meditação.[11]

O Homem vive dentro da integração do Universo. Acima de nós há um Céu que pode ir até o infinito do Universo, e, abaixo de nós, existe uma Terra que pode ir até a finitude. A Terra é finita. Nós vivemos entre o finito da Terra e o infinito do Céu. Apesar de vivermos entre os dois, a nossa presença é temporária. A vida do Homem é bem menor do que a finitude da Terra, e muito menos pode ser comparada à infinitude do Céu.

Novamente, surgem as questões: por que o Céu e a Terra perduram e permanecem tanto? Como poderemos nos igualar ao Céu e à Terra, para que possamos obter a constância do Céu e a duração da Terra? Dentro de nós existe a mesma potencialidade entre *yáng* e o *yīn*, assim como no Universo existe a integração do *yáng* com o *yīn*.

A razão de o Céu e a Terra serem duráveis e constantes é que a força primordial que os move, não é a força do próprio Céu, nem da própria Terra, e sim a força do grande *Dào*. Céu e Terra são movidos pelo *Dào*. O *Dào* está em todas as partes; é o princípio de tudo; está presente em todas as coisas. É essa força do *Dào* como o Absoluto que move o Céu e a Terra.

A diferença entre o ser humano e o Céu e a Terra é que o Céu e a Terra trazem, dentro de si, algo chamado naturalidade. No Céu e na Terra, todas as coisas acontecem dentro da naturalidade: o Céu e a Terra não pensam, não premeditam. Eles emanam Consciência, emanam força energética, e produzem movimentos físicos de maneira natural, enquanto o ser humano já perdeu, em grande parte, essa naturalidade. Nós agimos com demasiada intenção. Sempre tentamos produzir algo com a nossa própria mente, questionar com o nosso próprio julgamento, com as nossas próprias ideias, ignorando a integridade do Universo. Vi-

---

11 Para mais informações, consulte a obra *Tai Chi Chuan, a Alquimia do Movimento*; Wu Jyh Cherng (Rio de Janeiro: Mauad Editora, 1998, reimp. 2001 e 2006).

vemos a nossa vida, consumindo nossa própria energia e nossa própria força, e esquecemos que existe uma energia cósmica que poderia estar nos conduzindo, em vez de tentarmos conduzir nossa vida com nossa própria força. Precisamos aprender a permitir que a força cósmica conduza a nossa vida.

A Natureza tem consciência sem ego, energia sem ego, movimento físico sem ego. Você já imaginou se o Sol tivesse um ego tão forte quanto o nosso? Também a Terra não tem ego. A Terra não pode decidir deixar de girar, por exemplo. Bem como o Sol não pode se recusar a doar sua luz aos planetas. Tudo acontece naturalmente, sem intenção. No caso do Homem, ele usa sua intenção para conduzir os eventos, o ser humano complica a sua vida a ponto de perder a própria naturalidade. Essa perda de naturalidade faz com que nossas vidas não tenham mais constância e duração, e, portanto, não sejam constantes e duradouras como são o Céu e a Terra.

Ao permanecer como estamos, continuaremos sendo sempre os mesmos: vivendo, morrendo, vivendo, morrendo. O Daoismo, portanto, enfatiza a recuperação da integração à naturalidade.

O primeiro passo dessa jornada é praticar a não-intenção. Não-intenção não significa não fazer nada. Quando o Daoismo fala do famoso conceito da não-ação (*wú wéi*), este deve ser entendido como ação não-intencional, ou, pelo menos, menos intencional. Não se devem deixar de fazer as coisas. O que deve ser feito será feito, mas feito de uma maneira mais natural, mais espontânea, menos premeditada e menos engenhosa; com menos ego. Isso não representa que renunciaremos à nossa capacidade mental, racional, intelectual, física e energética. Não; temos plena consciência das coisas; apenas vamos usufruir delas de uma maneira mais natural, mais espontânea e mais suave. Isso é chamado de ação não-intencional. Não perdemos a capacidade de pensar, de sentir, de nos sensibilizar; porém, não seremos mais prisioneiros da sensibilidade, do pensamento, ou de quaisquer outras capacidades.

Os animais são mais espontâneos do que os Homens. Também são menos disciplinados em relação aos instintos. Porém, o animal não possui uma complexidade racional e emocional como o ser humano. O ser humano tem múltipla capacidade, como uma máquina altamente sofisticada. O espírito primordial – que é o espírito universal que existe na essência de cada ser – é igual, tanto para o animal quanto para o Homem. A alma que envolve a transfiguração desse espírito é que tem uma intensidade diferente, carregando, dentro de si, todos os códigos, todo o constante processamento e modificações. Quando a alma entra dentro de um corpo físico, dependendo do grau de sofisticação, o aproveitamento dos dados é diferente. O espírito de cada um de nós pode ser comparado a um *hard disc* de um computador, virgem, potencialmente infinito. Um programa sofisticado e complexo, colocado num aparelho de alto potencial, funcionará de maneira diferente do que o mesmo programa num aparelho com menor grau de sofisticação. O corpo dos animais dispõe de uma capacidade menor do que o corpo de uma alma encarnada humana. A diferença entre um *hard disc* e a alma é que o *hard disc* não é moldável; quando inserido numa máquina de menor capacidade, trabalha, consequentemente, muito menos. Por outro lado, a alma não é assim tão rígida, ela se molda, conforme o tempo passa, numa potencialidade, enquadrando-se no nível daquela potencialidade. A partir daí, as encarnações acontecerão em diferentes níveis.

Na infinitude de encarnações, a alma está constantemente moldando-se. Esse é um dos conceitos fundamentais do *Yì jīng*: a mutabilidade. O tempo inteiro, tudo está mudando. O corpo muda, a alma muda, o conceito muda, a capacidade da consciência muda.

O Daoismo não trabalha com os conceitos de evolução e involução. Também não trabalha com os conceitos de castigo e punição. Você criou o seu destino até o ponto anterior, que fez com que você hoje seja assim. Continuando a viver a sua vida, progressivamente, você fará com que a sua próxima vida (ou as suas próximas vidas) seja(m) o resultado daquilo que você criou até lá. Não existe um juízo supremo que faz um julgamento. Se existe evolução ou involução, isso é uma questão de semântica. No Daoismo não existe o chamado conceito de evolução espiritual, pelo qual se acredita que as pessoas podem, progressivamente, se desenvolver, até chegarem à perfeição.

As bênçãos vêm através do merecimento; não de forma gratuita.

Uma divindade, por votos de afetividade e compaixão, pode estar, o tempo todo, trabalhando em benefício das pessoas. Mas essa ajuda só pode acontecer no momento em que estamos sintonizados com ela. Palavras como merecimento, bênção e julgamento são perigosas de serem usadas, pois podem provocar ideias distorcidas. Esses conceitos não existem no Daoismo. Tudo é simplesmente uma questão de causa e efeito. O crescimento e a conscientização são processos graduais. É preciso mudar uma série de hábitos e costumes deturpados. Mas a vida do ser humano é sempre tão curta... 60, 70, 80 anos... Às vezes levam-se quinhentos, seiscentos, mil anos para mudar alguns fragmentos... Tecnicamente falando, dentro de uma só vida a mudança torna-se muito difícil; o tempo é muito pouco e é preciso um enorme esforço.

O Daoismo propõe essa mudança, mas não através de consertar-se pedaço por pedaço. O Daoismo propõe que a pessoa se esqueça de todas essas falhas e coloque a sua consciência diretamente no Vazio, novamente. Desse modo, dentro desse Vazio, ressurgirão a nova alma e a nova consciência, de forma íntegra e inteira. Somente a partir desse Vazio (e não na tentativa intencional de mudar a consciência) é que nasce, naturalmente, a força para consertar a alma.

Quanto maior o grau de mudança da consciência, maior o grau de modificação do carma, do empreendimento da pessoa. No entanto, como só conseguimos mudar muito pouco, consequentemente nosso carma muda pouco.

Existem vários tipos de modificações da consciência. Muitas vezes, um mestre espiritual – um sacerdote famoso, um grande pensador ou Homem virtuoso – consegue, através da mudança de sua consciência, varrer boa parte dos efeitos, dos vícios, de um nível mais sutil – no nível do pensamento, da emoção e no nível mais energético. Porém, pode acontecer, também, que não seja capaz de varrer partes mais densas, ligadas ao dinheiro, à matéria, à situação social... Mas, teoricamente falando, seria possível varrer tudo isso. Os grandes mestres ascensionados são exemplos de pessoas que conseguiram varrer todos os seus carmas de uma só vez. Teoricamente falando, os grandes mestres conseguem alcançar uma modificação completa – uma grande transformação alquímica –, varrendo todos os seus carmas, tornando-se outros seres com plena saúde física, emocional, mental e, principalmente, espiritual. Tudo isso é muito difícil de se alcançar, tecnicamente falando.

O carma pode ser transformado dinamicamente, através de seus débitos e créditos, numa transformação espiritual.

Na história do Budismo Mahayana, havia um discípulo entre os 16 discípulos de Buda, que era considerado aquele com o maior poder mágico. Antes mesmo de se converter ao Budismo, já era um grande tantrista que sabia voar, se desmaterializar, e derrotar um exército inteiro com a sua força mágica. Dizem as lendas que, anteriormente, ele já havia vivido várias vidas como um homem muito poderoso. Embora tivesse tanto poder, ele não conseguiu escapar da morte física violenta; foi trucidado em pedaços... Outro discípulo indagou a Buda por que aquilo acontecera a um irmão tão poderoso, e Buda respondeu que, apesar de toda uma transformação da consciência, ainda existia uma parte que ele não havia conseguido modificar, e o destino teve que ser cumprido. Aquele Homem não havia conseguido dissolver aquela parte. A partir do momento em que o corpo do discípulo foi trucidado totalmente, houve uma dilatação espiritual; uma entrega. (Obviamente, o Budismo ensina, aqui, aquele conceito de desapego ao corpo físico).

Hoje em dia, encontramos menos mestres espirituais tão poderosos quanto aqueles lendários da Antiguidade. Nosso mundo atual não oferece uma condição tão favorável para o desenvolvimento de uma pessoa: muita poluição, muito som, muito barulho, muitas ondas elétricas e eletrônicas... Devido a essa redução de capacidade, estamos mais descrentes, mais céticos, e não acreditamos mais naqueles textos sagrados da Antiguidade que narram sobre levitação e voo dos mestres espirituais. Hoje, na leitura dos textos, as pessoas buscam suas considerações psicológicas e simbólicas, tentando provar as coisas através dos entendimentos psicossimbólicos atuais.

Os mestres tradicionais que honram a tradição, ao fazerem a leitura dos textos de alquimia ou de outros escritos, não fazem uma leitura psicológica, mas sim leem os textos da forma como foram escritos; os textos simbólicos são lidos como textos simbólicos, e a história é lida como história. Existem muitos textos escritos em linguagem figurada, em códigos, em linguagem simbólica. Isso é feito para manter o ensinamento em condição hermética, para que ele não seja revelado a qualquer um, de qualquer maneira. A linguagem, então, é transformada em linguagem codificada e simbólica.

> **Alquimia** é a prática mística que promove a transmutação do ser humano em Homem Imortal, através da utilização de métodos próprios e técnicas específicas.[12]

Os mestres antigos tinham, realmente, maior capacidade de realização. Hoje em dia, veem-se muitos mestres que, apesar da modificação da mente, da consciência e da emoção, ainda não conseguiram escapar de uma série de problemas materiais, financeiros, de saúde, e assim por diante.

Somos muito apegados à nossa forma, e dificilmente conseguimos deixar o nosso corpo para trás. Temos a impressão de que somos esse corpo. Essa forma, no entanto, está constantemente mudando, envelhecendo, piorando de saúde, melhorando de saúde, ficando triste, ficando alegre... A partir do momento em que a nossa consciência acredita que somos esse corpo, nós somos a impermanência do ser; o nosso corpo é a maior revelação da impermanência do ser. Vemos a impermanência a cada momento. No momento em que a nossa consciência é pressionada pelo corpo, a consciência torna-se uma consciência de impermanência. Estaremos então, todo o tempo, vivendo a vida e a morte. A cada instante é a vida; a cada instante é a morte. A cada instante estaremos descobrindo um novo nascimento; a cada instante estaremos descobrindo a morte.

Portanto, para levarmos uma vida harmônica, precisamos praticar o desapego e aprender a fluir com naturalidade.

---

12 Para mais informações, consulte as obras *Iniciação ao Taoismo*, Wu Jyh Cherng; vols.1 e 2 (Rio de Janeiro: Mauad Editora, 2000, reimp. 2006) e *Alquimia Taoista*; Mǎ Hé Yang, tradução de Wu Jyh Cherng (Rio de Janeiro: Mauad Editora, 2016).

神龜篇

神龜何來立叢莽雄露甲紋而不食壽萬年
違祖甲子總多地天此龜髣髴洪荒先其長
惜脩屓負二詩其足其骨曰神屋藏卜妙用在
守餘草二翠琛瑙夾紬冷泉遠八三伏初衰
哀化書卜安魯几吉皇軒轅旦吉義張公
膠漆盾重峽秉翱車寂入夢世間久水多
上泉久之蔑若江淮沙泣萠何勢若而題
瘞瀾枝廢鳶汰倦直堂特洼眼濛雙囚三
金中經霎得尊引穀馭手若庭莽東不死典
郛淙荒些得一青毛神龜作神龜著客吟
第見而貴之非世之計之云同年八紀月請粟方差民
喻窜寅毛先壽此好子之八生資期頭者為
些吾儕程享吾年室之北武月有名弼著言

西江鈐史金吉金題欵

CORPO, SOPRO, ESPÍRITO, VAZIO E VERDADE

Mestre *Mă* dizia que, para conseguir carregar uma jarra, você precisa estar fora da jarra. Se estiver dentro da jarra, não conseguirá carregá-la. Se você quiser carregar o seu corpo, não poderá estar dentro dele. Se você quiser possuir o seu corpo, não poderá estar limitado por ele. Sem ser limitado pelo corpo, você domina a forma; sem ser limitado, você pode dominá-la.

Na prática de meditação daoista, existem cinco etapas importantíssimas; cinco estágios e quatro esquecimentos, que são conceitos da alquimia superior.

A alquimia daoista possui três níveis: superior, mediano e inferior. As cinco etapas da alquimia superior nos foram reveladas pelo Mestre *Mă* e são ensinamentos importantíssimos e preciosos. Eles são: Corpo, Sopro, Espírito, Vazio e Verdade.

Corpo é o corpo físico; Sopro é energia; Espírito é consciência; Vazio e Verdade são mais difíceis de entender. Normalmente, a consciência da pessoa está condicionada ao corpo, ou seja, as pessoas são limitadas por seus níveis sensoriais e formais. Sobre o sentido e a forma não conseguimos emitir uma só frase, sem que ela contenha uma ideia ou uma forma. Não conseguimos comer alguma coisa sem tentarmos adivinhar o seu sabor. Isso é sentido, o sensorial. Portanto, tudo o que vivemos está condicionado pelo nível sensorial e da forma. Na prática de meditação da alquimia superior, o primeiro passo é esquecer o corpo[13]. Não é brigar com ele, anulá-lo, mas sim esquecê-lo. É preciso esquecer o corpo para se poder atuar no Sopro.

Na prática da meditação, o primeiro estágio – o qual se levam anos para alcançar – é de, inicialmente, deixar o corpo imóvel, e, depois, relaxar da cabeça aos pés, de cima para baixo. A partir daí, é preciso esquecer o corpo, não mais colocando a atenção e a consciência no corpo, e sim na respiração, no Sopro. Quando não se sente mais o corpo físico, nesse momento a consciência estará atuando no nível do Sopro. A consciência, então, torna-se outra, mais diluída, menos compacta,

---

13 O corpo é o primeiro esquecimento dos quatro citados acima (N.E.).

menos rígida. A consciência torna-se uma consciência energética. Basicamente, é isso o que tentamos fazer na nossa meditação. Após bastante tempo de prática, bastará sentar e, automaticamente, não sentiremos mais o corpo. Assim, entramos num estado como se estivéssemos boiando dentro de uma piscina, sem corpo físico. Entramos então dentro de uma imensa energia – nós somos a própria energia –, lenta e gostosa. Mas isso não é a realização. Isso é apenas o resultado do primeiro esquecimento: não existe mais corpo; nós somos o Sopro.

No segundo estágio, precisamos esquecer o Sopro[14]. Havia uma consciência integrada ao corpo físico, que era, portanto, limitada pelo corpo físico. Esquecendo o corpo físico, ingressamos num nível mais sutil, mais energético de ser: a consciência do Sopro. Nesse momento, também ainda somos limitados por esse nível de energia, pelo universo da energia. A dimensão física já não nos limita mais; no entanto, a dimensão energética sim. A consciência está pressionada pela energia. Entramos, então, no segundo estágio da alquimia: esquecemos a energia, do mesmo modo que esquecemos o corpo físico. É preciso sentar e meditar, esquecendo o corpo e, também, a energia. Nesse momento, a consciência é uma pura consciência; somos apenas um espírito que não tem qualquer energia para pressioná-lo. Ao chegarmos nesse estágio, nós somos pura Luz.

Sentamos em meditação, e, imediatamente, ingressamos numa imensa "piscina", sem corpo. Em seguida, a "piscina" desaparece, e somos apenas uma imensa Luz, a própria Luz que está em toda parte. Somos pura Luz. Sentimos essa Luz. Somos muito irradiantes. Atingimos, então, o terceiro passo.

Estamos iluminados, sim, mas não estamos no último passo da alquimia. Precisamos esquecer o espírito[15]. Isso é muito mais difícil. Esquecermos de nós como espírito, e ainda nos esquecermos como espíritos de Luz, puros, sem forma, sem cor: somos uma imensa Luz, como a luz do Sol. Também isso deve ser esquecido.

Sentamos, e, em alguns segundos, não sentimos mais o corpo e, em outros segundos, não sentimos mais energia, e em mais alguns se-

---

14 O Sopro é o segundo esquecimento dos quatro citados acima (N.E.).
15 O espírito é o terceiro esquecimento dos quatro citados acima (N.E.).

gundos, nos tornamos uma imensa luz, e também essa luz desaparece, e sentimos um imenso Vazio. Nesse momento, todas as luzes, todas as energias, todos os corpos, o Universo inteiro está dentro de nós; porém, o Universo inteiro não é você, nem sou eu. Somos, exatamente, aquele Vazio que abraça todas as coisas: um Vazio Absoluto.

Chegamos, finalmente, ao Absoluto? Não. Aí chegamos ao quarto passo, que se abre para o quinto estágio, que é dificílimo: quebrar o Vazio[16]. Já quebramos o corpo físico, já rompemos a barreira da energia, também rompemos a barreira da consciência e, finalmente, atingimos o Vazio. Agora, temos que romper a barreira do Vazio.

Romper a barreira do Vazio (quebrar o Vazio) significa quebrar aquilo que não se tem, que não existe. Romper algo que não se possui. Esse estágio do Vazio significa, na verdade, quebrar o que não se tem. Nós tínhamos a nós mesmos, e isso foi quebrado. Tínhamos nosso corpo, a energia, o espírito; e tudo foi quebrado, e agora não existe mais corpo, não existe mais energia, e não existe mais espírito. Somos o Vazio, e temos que quebrar o Vazio.

A partir do momento em que quebramos o Vazio, retornamos a ser a Verdade. Nessa hora, estamos em todas as partes, em todos os lugares, em todos os instantes, em todos os tempos, em todos os Universos, desde os infinitos futuros aos infinitos passados, no Universo do Universo; no Universo da existência e da não-existência. Estamos em toda parte e em lugar nenhum. Nessa hora, seremos o *Dào*.

Esses são os cinco passos da Alquimia Superior. São cinco estágios estruturados por quatro esquecimentos. Isso não é feito de um dia para o outro. Se conseguirmos passar do corpo para o Sopro – que é o primeiro estágio –, já será maravilhoso. Se conseguirmos chegar ao nível do Espírito, provavelmente seremos aquelas pessoas irradiando Luz, muita Luz, e teremos muitos discípulos. A partir do momento em que entrarmos no Vazio, nos tornaremos aquele mestre que desaparece do mundo. A partir do momento em que ingressarmos na Verdade, estaremos presentes em toda a parte. Estaremos em cada partícula do Universo.

---

16 Vazio é o quarto esquecimento dos quatro citados acima (N.E.).

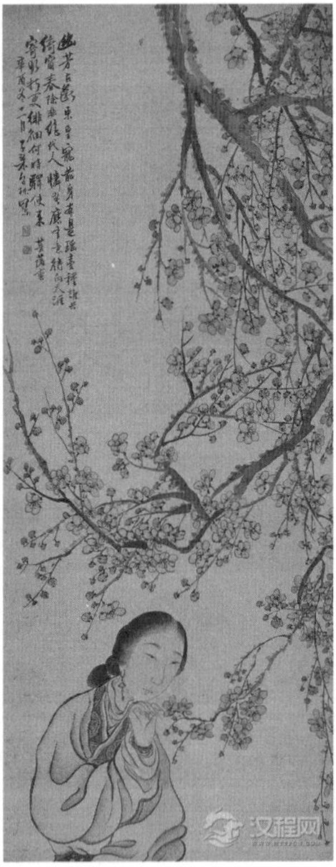

A ÁGUA E O FOGO

A água é humilde. A água sempre cai para baixo. Uma pessoa que sempre consegue colocar-se abaixo dos outros é humilde. Uma pessoa que não se põe acima dos outros, tem humildade. Assim como a água. A água também tem abrangência. A água é capaz de abraçar todas as coisas. A água vai descendo pelos rios e se, durante o caminho, encontra pedras grandes, não as cobre, contorna-as. O Homem deveria contemplar essa virtude da água, a de ser abrangente. Em vez de lutar contra as coisas, deveria abraçá-las e transformá-las.

A água é criação. A terra sem água é estéril. O Homem sem a água não sobrevive. A água é fundamental para criar e trazer a vida. A água, então, é a criatividade; traz a vida.

A água também traz a mensagem da transformação. Tanto pode estar em seu estado líquido, de água, quanto gasoso, de nuvem, ou sólido, de gelo. Tanto pode estar vindo de cima para baixo, como a chuva, quanto de baixo para cima, como o vapor. Água é transformação, porém é uma transformação que não descaracteriza a essência de seu ser. Os grandes mestres iluminados, inspirados por esse conceito, dizem que o Homem é capaz de se transformar e de se transmutar ao mesmo tempo, mantendo em si a sua verdadeira natureza, o seu espírito.

O espírito da água pode estar dentro do rio. Quando a água se transforma em vapor, o espírito da água continua o mesmo; apenas o seu corpo passa a ser mais etéreo. Quando a água torna-se nuvem, o espírito continua o mesmo; nesse momento, o espírito está no céu. Quando a chuva desce e a água cai nas montanhas, entrando nas rochas, nas grutas e nas vias subterrâneas, transformando-se de inúmeras maneiras, ainda assim ela mantém o mesmo espírito, a mesma consciência. A forma física não limita o espírito da água.

O Homem deve aprender com a água. A água deixa a vida em todo lugar por onde passa: entra no corpo das pessoas, e sai; entra nas rochas, e sai; entra nos vegetais; vira chuva; vem do riacho e vai para o mar; vira onda, sempre trazendo e criando vida por onde passa.

A água simboliza a transformação, a vida, a abrangência, a humildade e, ao mesmo tempo, simboliza a não-disputa.

A água vai fluindo, e quando encontra uma rocha em seu caminho, naturalmente a contorna, assim como também contornará outros obstáculos que se apresentarão à sua frente. A água corre para o subterrâneo, não criando qualquer choque. Por outro lado, além de sua suavidade, pode, também, demonstrar muita força, através de concentração ou de resistência: pode perfurar rochas, derrubar barragens, criar tempestades, e muito mais.

Igualmente, a força espiritual pode ser branda, suave, constante e perseverante. Pode abraçar todas as coisas, mas, ao mesmo tempo, também pode se concentrar e criar uma tempestade e demolir todas as coisas de uma só vez. A força espiritual é exatamente como a água.

A água deve ser contemplada, para podermos aprender com ela. A capacidade da água é a transformação, a nutrição e, ao mesmo tempo, a purificação. A água é capaz de lavar tudo aquilo que é impuro. A água é capaz de irrigar uma terra estéril, trazendo a vida de volta. A água tem a capacidade de transformar, purificar, criar...

Isso é, exatamente, a realização do *Dào*. O daoista precisa se transformar, purificar a si mesmo e o próximo, transformar o grupo, e criar a vida. O Daoismo não trabalha com aspectos pessimistas. É preciso viver com alegria, com otimismo e com positividade, porque é assim que fazemos a vida e o mundo. Ao mesmo tempo, fazemos esse mundo sem intenção pessoal, sem ego. Criar a vida, simplesmente; criar alegria; criar harmonia. Se seguirmos as virtudes da água, o mundo nos seguirá.

A Terra é aquela que sustenta todas as coisas. Na Terra, constroem-se casas, semeia-se, cultiva-se, criam-se os alimentos. A Terra simboliza a mãe; ela é criadora. O Céu simboliza o pai. O Céu está em cima, e a Terra está em baixo. A bondade da Terra deve ser abrangente. O hexagrama "Terra" do *Yì Jīng* é o hexagrama da abrangência, da receptividade. Portanto, viver com bondade na Terra significa viver com abrangência, com receptividade[17], sustentando as coisas sem distinção, sem preconceitos, sem preferências. Isso não significa perder o discernimento entre o certo e o errado. Quem tem consciência superior, trata os outros através do não-controle, para que não haja uma superioridade imposta, mas sim natural. Controlar significa esmagar a capacidade. Para aquele que não tem capacidade, é preciso criar regras, criar ordem, senão tudo sempre fica em desordem. No entanto, é preciso tomar cuidado com esses conceitos de não-controle e de não-preferência; não se pode cair na distorção da bondade e da maldade.

O lago é sereno. É diferente da água corrente, da água turbulenta que arrasa tudo. No *Yì Jīng*, a água simboliza a magia, o abismo, o perigo; enquanto o lago é sereno e profundo, e assemelha-se a um espelho quieto. Sua força não é ameaçadora. A força do lago está abaixo da superfície da água. Não se vê a força do lago; parece suave, mas contém muita força em seu interior. Pensar com bondade é como um lago, assim como alguém que pensa profundamente, serenamente, sem agitação. No *Yì Jīng*, lago também significa alegria. Uma pessoa com a mente serena e profunda está sempre alegre. Uma pessoa que pensa profundamente, mas sem alegria, se sentirá esmagada por essa profundidade. É preciso serenidade, para ter a mente com bondade; a bondade da mente.

Lǎozi, no *Dào dé jīng*, diz: "Conviva com bondade, como irmãos".

Irmãos são como diferentes galhos que nascem de um mesmo tronco; são seres de uma mesma origem. Todas as espécies humanas vieram de uma mesma origem. Todas as espécies do Universo vieram de uma mesma origem. Por que, então, o dedo polegar tem que brigar com o dedo mínimo? Ou o dedo médio brigar com o anelar? Todos fazem parte da mesma mão, e a mão faz parte do corpo. Então, nenhuma briga tem sentido: é preciso viver com bondade, como irmãos.

---

17 Para mais informações, consulte a obra *I Ching, o Tratado das Mutações*; Wu Jyh Cherng; coautoria de Marcia Coelho de Souza (Rio de Janeiro: Mauad Editora, 2015) e *I Ching, a Alquimia dos Números*; Wu Jyh Cherng (Rio de Janeiro:Mauad Editora, 2001, reimp. 2003, 2013, 2.ed. 2019).

> *Dào dé jīng* 道德经, *O Livro do Caminho e da Virtude* é de autoria de *Lăo Zi*, considerado sagrado pelo seu conteúdo precioso[18].

Também é fundamental cumprir a palavra; é preciso ter consistência, ter responsabilidade. Muitas vezes, as grandes palavras são as não-palavras; grandes palavras são o próprio silêncio. Falar com simplicidade; falar o essencial; falar o que é real, verdadeiro; e não criar muitas palavras como camuflagem. A bondade da palavra é aquela que é confiável; aquela que se cumpre.

O Daoismo não trabalha com regras rígidas. Trabalha, sim, com princípios filosóficos, com os fundamentos da consciência. Normalmente, o daoista que está iniciando o caminho do *Dào*, precisa voltar-se para dentro de si mesmo e indagar-se acerca de suas prioridades na vida. A partir do momento em que a pessoa sabe o que realmente quer, começa a perceber tudo aquilo que está em torno de sua vida: as coisas que vão bem e as coisas que não vão bem. Muitas vezes, fazemos coisas e, quando paramos para refletir, percebemos que não é bem aquilo que queremos para a nossa vida. Portanto, tudo tem que estar de acordo com este fundamento: o da coerência.

Saiba viver cada momento da vida como ela deve ser vivida. No momento da chuva, é chuva; no momento do vapor, é vapor; a água corrente é água corrente; o lago é o lago. O *Yì jīng* nos fala muito sobre isso, sobre como devemos saber viver cada instante como ele acontece; a sabedoria de saber fluir, de acordo com o tempo e o momento.

A água não disputa; a água flui. Se alguém briga conosco, mas nós não brigamos com esse alguém, na verdade a briga não existe, ou só existe na cabeça da outra pessoa. A água abraça tudo e transforma tudo, mas não tem pressa.

---

18 Para mais informações, consulte a obra *Tao Te Ching, o Livro do Caminho e da Virtude*, de Lao Tse – Tradução direta do chinês e Comentários de Wu Jyh Cherng, coautoria: Marcia Coelho de Souza (Rio de Janeiro: Mauad Editora, 2011).

A água lembra a energia, como antítese ao simbolismo do fogo. O fogo simboliza a consciência. Na prática espiritual do Daoismo, o grande alerta é a respeito da expansão da consciência. A consciência precisa estar equilibrada com a qualidade da energia. Quando uma pessoa adquire uma consciência mais iluminada, mais sutil, ela precisa de uma energia sutil do mesmo nível, para poder "segurar" essa consciência.

Por quê? Porque, através de uma série de treinamentos espirituais, a consciência torna-se mais sutil e, às vezes, o corpo (a energia) ainda continua relutante; portanto, a energia pode nos arrastar para baixo. Acontece com frequência que pessoas que tiveram experiências em êxtase e entraram num estágio de iluminação temporária, depois não conseguiram manter aquela consciência, aquela paz, aquela quietude interior. A consciência – o espírito – é sustentada pela energia, o Sopro.

No Daoismo, é preciso haver a realização da transformação simultânea. É preciso transformar a consciência, ao mesmo tempo que se transforma a energia. Quando a energia está no mesmo nível da consciência, esta consegue subir e se manter num nível mais elevado. Quando isso não acontece, a consciência é arrastada para níveis mais inferiores. Portanto, a consciência é sustentada pela energia. A água simboliza a energia vital. O fogo, a consciência. Devemos trabalhar, o tempo todo, com as duas coisas: fundindo o fogo com a água, e criando uma água feita de fogo; um fogo líquido.

渊明尝称佛从西域戡定山东入中国北教日辅佛者非光中雄其见四五下卓绝逵上丁丑距华上佚未曾不致其早然四五体投地也
若喜敬国有画佛像一百年难可得之中遇此道佛画宜尊崇择选之灵画以孰至尤灵也宜地死其神
像大殊逅法王中本圣寿寺画子佛像二十五僧弥亦两人佛像菩萨项圖五大阿汇
斜遇有林之于僧子甫伽借画画过皆禅师逸像殿两人像含画者慕德僧僧伽法项
降仗大殊远慈像仍本者夫菩萨者面目雅画玩俗僧仗伽居邠西面墨烁
明禾波曹云慈孟韬孟寻子国王千者僧乘菩薩
釋迦佛伙悍孟仰出者王像王慈孔壶
像正左佛圓本中奉圣寿中画画
稀王个菩薩孟殊本圣寺
像工七者前上石天十七像十五佛像
像正悍菩薩佛佛花孟
住唐十慈像王石像寺于孟像像道商
寺于唐音仪孟十慈昭音像孟画佛像佛林中殿
孩宗像唐林三色音像孟画像
阿宗遇商唐菩薩像像孟画音唐像
像佛音像李孟孟师孟画佛白音侯像佛
像师慈孟孟像色像音慈像孟
孟宗像孟孟像孟慈色宗画宗像色孟大
佛像佛僧僧画子像孟像孟慈
青佛像僧仗伽寺像孟李孟色佛孟孟
色像色孟画色佛釋迦像孟孟慈孟
十慈像僧慈宗佛慈孟佛色俸孟音色
佛孟慈孟白孟十盐音画慈像孟
孟孟童色像色孟慈孟
一切孟释子孟像像色色童像
孟身孟难贵艺孟佛遗画僧子像
二士永九人伏慕之佛孟李非佛慈孟十
丹画一四永大顏本三像达李甚画
二十五年三月佛成道日纳郎公家诚记
坐禅非不可画者曼求止辞纯菩多岁
陵士次揚画山居士此画直是丹青家染但明
康熙癸卯明斯已丑赏识六关六十四岁文题

A HUMILDADE

O Daoismo dá muita importância ao espírito da humildade; da não arrogância; da não obsessividade. Tudo aquilo que está demasiadamente cheio, repleto, não pode ser mantido. Ao servir o vinho, não se deve encher demais a taça porque, senão, transborda. Aquilo que está pleno, não se pode beber ou carregar.

O orgulho, o convencimento, o perfeccionismo, a prepotência, a autossatisfação e o autoengrandecimento tornam a pessoa incompleta. Todos acabarão atacando ou se distanciando de uma pessoa que age dessa maneira. Tudo aquilo que é feito de forma radicalmente perfeita, traz em si a causa de sua própria perda.

O *Yì jīng* nos ensina que, na plenitude do sublime *yáng*, este torna-se o princípio do sublime *yīn*. No máximo do frio, retorna o calor; no máximo do calor, retorna o frio. O momento do retorno da energia *yáng* é o momento em que o Sol está mais distante da Terra, e o momento do retorno do *yīn* é o momento em que o Sol está mais próximo da Terra. E, assim, o Universo segue o seu próprio movimento.

Uma pessoa que vive de uma forma muito cheia, muito plena, a partir do momento em que alcançar a plenitude, iniciará um processo de ruptura com a plenitude anterior. Portanto, é uma atitude sábia tornar-se uma pessoa mais humilde. É preciso, com certeza, aperfeiçoar-se e melhorar, mas, por outro lado, não se deve levar o perfeccionismo a um excesso, até a arrogância.

Um mestre de *fēng shuǐ* uma vez me contou uma história sobre um de seus discípulos, que era filho de um grande mestre de geomancia chinesa. Esse mestre de geomancia era excelente, bastante conceituado, e nunca falhava em seus dizeres. Passou a vida inteira buscando um lugar ideal para morar, para si e a sua família, que ele chamava de "cova perfeita". Cova perfeita deveria ser um local de assentamento de forças, onde tudo deveria ser perfeito: a distância do rio que passava por perto, a montanha que se erguia por trás da propriedade, o tamanho das árvores, a qualidade da terra... Finalmente, ele encontrou esse lugar e ali começou a construir uma casa para si e a sua família. Esta foi construída na maior perfeição, desde o primeiro minuto do início das obras. A angulação de cada parede, de cada janela; o tamanho das telhas; a quantidade de telhas; a grossura da viga mestra – tudo era perfeito. A casa demorou anos para ficar pronta e, quando ficou, não havia dúvidas de que se tratava de uma obra de geomancia perfeita.

Aconteceu, então, que o mestre de geomancia ficou doente e morreu semanas depois. A família entrou em decadência e faliu. O filho – discípulo de seu pai – não conseguia entender o que acontecera; pela lógica, tudo tinha sido tão perfeito, tudo havia sido construído com tal perfeição e, de repente, tudo desmoronara. Procurou o meu mestre para aconselhar-se, e, nessa conversa, o rapaz aprendeu que em tudo – mesmo almejando-se a maior perfeição – é preciso preservar uma possibilidade para a imperfeição se apresentar.

> *Fēng shuǐ* 風水 literalmente traduzido significa "vento/água" e é o nome que se dá à geomancia chinesa. A prática é classificada como uma das numerosas artes daoistas.

O mestre, então, sugeriu ao discípulo quebrar alguns pontos daquela casa planejada pelo pai, daquela estrutura tão perfeita. Dessa maneira, a estrutura energética daquele lugar poderia ser refeita. O discípulo seguiu os conselhos do meu mestre e, posteriormente, tornou-se um dos maiores mestres de geomancia da atualidade.

Mestre *Mǎ* dizia que quando uma pessoa está cheia, repleta, ela se torna um pequeno recipiente. Quando não está cheia, torna-se um grande recipiente. A palavra recipiente significa, literalmente, aquilo que recebe algo. Pode ser do tamanho de uma tigela, como pode ser do tamanho de um estádio de futebol. Não importa qual o tamanho; quando o recipiente está cheio, torna-se pequeno e, ao tornar-se pequeno, não cabe mais nada nele, fica saturado. Ao se jogar um pouco do conteúdo fora, ainda será possível ter alguma tolerância, o recipiente ainda poderá receber alguma coisa.

Uma pessoa pode ser um grande recipiente ou um pequeno recipiente. Se esse recipiente não estiver cheio, sempre haverá a potencialidade de enchê-lo – por essa razão, ele se tornará grande. Obviamente, o Homem não é um recipiente como uma cumbuca ou uma tigela. A capacidade humana, enquanto recipiente, é a de receber conhecimentos e tudo mais da vida. Somos um recipiente que tem a capacidade de aumentar ou de reduzir o nosso tamanho. Se tivermos humildade, para não nos encher até o máximo, e se não formos orgulhosos ou arrogantes, seremos um recipiente infinitamente grande, no qual sempre caberão mais conhecimentos e ensinamentos. Se atingirmos o ponto de saturação – mesmo que sejamos altamente intelectualizados, instruídos, com um imenso domínio sobre as coisas –, sempre seremos um pequeno recipiente, porque dentro de nós não caberá mais nada.

É extremamente importante, e fundamental, que aprendamos a não sermos cheios. Uma pessoa que age com humildade, conseguirá absorver, infinitamente, tudo aquilo que o Universo tem a oferecer.

O grande caminho do Daoismo é, exatamente, uma realização infinita. A infinitude se revela naqueles quinze a vinte por cento em nós que não estão preenchidos. Se um dia o caminho da infinitude alcançar a sua plenitude, a infinitude deixará de ser infinita e se tornará finita. O caminho da imortalidade termina, quando um dia se morre. O caminho da infinitude acaba no dia em que esse caminho se torna finito. Para ser infinitamente infinita, uma pessoa nunca deve chegar ao máximo. Para nunca se atingir o ponto máximo, é preciso conservar a humildade e a simplicidade.

Quando uma pedra é polida, haverá um ponto em que atingirá o máximo do seu polimento; chegará ao ponto da limitação. Se todos nós somos uma matéria-prima, como uma pedra ou um tesouro em potencial que precisa ser polido, que pode ser polido, que nunca deixará de ser polido, que pode ser polido infinitamente, essa possibilidade, essa capacidade, é o que nos torna um verdadeiro tesouro. Assim é o caminho da realização espiritual. Tudo aquilo que é intencionalmente polido, chega a um ponto em que não se pode fazer mais nada; chega à limitação. Torna-se apenas um tesouro do momento. Mestre *Mă* dizia que o polimento intencional representa o avanço da inquietação. Quando uma pessoa procura demasiadamente a perfeição, ela cria uma ansiedade, que destrói a sua potencialidade latente.

O Daoismo diz que é muito importante manter o estado de ingenuidade, o estado da pureza primordial. Para o Daoismo, é mais importante ser uma árvore gigante, toda torta, encurvada na floresta, do que uma cadeira elegante e requintada numa sala. É preciso viver num estado de fluidez, de integração com todas as coisas, e, a qualquer instante, poder se transformar e estar sempre em crescimento. Isso é melhor do que ser transformado numa cadeira, que continuará, sempre, sendo uma cadeira.

Preservar a consciência e não deixar que a consciência se transforme em pensamento é uma das tarefas da meditação. Normalmente, vivemos no nível do pensamento e no nível da mente. A meditação nos propõe recuperar a consciência. Quando a consciência é racional, ela se torna mente. Quando a mente deixa de ser pensamento, volta a ser consciência. Na prática da meditação, quando se coloca a consciência no ar que se respira, chegará um momento em que não se terá mais pensamento. Isso não quer dizer que nos desligamos inteiramente; apenas que, nesse momento, nossa consciência voltará a ser como ela deveria ser: apenas uma consciência.

O Vazio não é o vazio da ausência das coisas, mas o Vazio da potencialidade das coisas. Uma pessoa que tem consciência e vive no nível da consciência, quando pensa, pensa no nível da consciência, ou seja, seus pensamentos são mais fluentes, diluídos e claros. Por outro lado, uma pessoa que vive no nível do pensamento, possivelmente entrará num labirinto da mente e ficará confusa. Mestre *Mă* sempre nos alertava sobre essa questão. Ele dizia que uma pessoa que vive no mundo da consciência, absolutamente não perde o discernimento, nem perde a noção das coisas; muito pelo contrário. Por outro lado, as pessoas comuns, que só vivem no mundo da mente, ficam perdidas entre as inúmeras informações que a mente recolhe. Ficam confusas, por não saberem como atuar e como se relacionar, mesmo nas situações mais simples. Porém, quem tem consciência simplesmente atua de forma direta, objetiva e clara, e se relaciona com as pessoas e fatos de maneira clara e descomplicada.

Quando sentimos nossa cabeça cheia, não é de consciência; é de pensamentos. Quando vivemos a consciência, cada pensamento que brota em nós é simples e preciso, diferente das pessoas que estão cheias de pensamentos e que vivem no mundo da mente.

Na prática espiritual, temos que ter essa lucidez num nível muito mais profundo; é preciso ir fundo nessa Consciência Absoluta. Quem age com a lucidez da consciência, não tem remorso; não tem culpas; não tem traumas.

Mestre *Mă* dizia que a pessoa que procura o *Dào*, deve cultivar dentro de si a constância, a sinceridade, a humildade, o silêncio e a naturalidade. Mesmo que tenha grande sabedoria, deve aparentar ser ignorante. Age como uma pessoa que guarda a virtude do coração; que guarda a virtude do Homem. Esse conceito é, basicamente, o mesmo, entre as muitas escolas daoistas. Não é bom chamar a atenção para si mesmo, destacar-se dos outros. Não; uma pessoa deve ser simples, agir de forma simples. Tentar, durante toda a vida, transformar o ego em consciência pura; sem brilho, sem carisma. Não se encontra um mestre daoista através da irradiação de seu brilho. Não é que seja impossível encontrar um mestre daoista com brilho, personalidade forte e carisma; porém, normalmente, ele não será um dos maiores mestres, porque ainda é um tesouro muito polido; ainda precisa saber recuperar o estado anterior ao de ser polido. Muitas pessoas abandonam o Daoismo por quererem cultivar o brilho pessoal.

> **Consciência Absoluta**, também chamada de Consciência Una ou Consciência Universal, é a consciência da Unidade representada pelo *Tài Ji*. Também chamada de semente espiritual pela teologia daoista, encontra-se presente em todos os seres e possui o tempo de infinitude, porque não teve início nem terá fim. Simboliza a consciência pura e íntegra, a Unidade que não se fragmenta, e é considerada pelo Daoismo como a verdadeira consciência de uma pessoa, já que as manifestações que nascem diretamente do seu comando não passam pelas vontades do ego.

> **Virtude** 德 é a manifestação da totalidade do Dào como *Tài Jí*, uma dimensão de pureza em que ocorre a perfeita integração da consciência de todos os seres. É o estado alcançado por quem atinge o nível da perfeita harmonia espiritual e transcende todas as virtudes cultivadas no mundo manifestado, relacionadas às energias básicas da Teoria dos Cinco Elementos, para adquirir então a qualidade da Virtude Única, como o estado do *Tài Jí*.[19]

Um mestre daoista não exibe a sua força; não se presta a debates extremamente brilhantes, discursos arrasadores, plateias chocadas, chorando... O mestre daoista não emana tais energias.

No *Yì Jīng*,[20] o hexagrama 'Ferimento da Iluminação', numa de suas interpretações, nos diz que, quando há muita luz, essa luz fere. Quando uma pessoa é muito brilhante, tem muito brilho pessoal, tem uma luz muito radiante – essa pessoa, esse brilho, essa luz radiante, tudo isso fere as outras pessoas.

O Daoismo enfatiza o fato de que se você tem Luz, deve saber guardá-la para si; precisa aprender a ser discreto. O grande sábio, muitas vezes, pode ser confundido com um ignorante, por manter sua Luz guardada em seu interior, sem ficar irradiando essa luz. Ele aprende a ser brando, suave. A Luz espiritual do mestre daoista não é ofuscante, porque, se fosse, ele deixaria de possuir os três tesouros: a simplicidade, a afetividade e a humildade.

---

19 Para mais informações, consulte a obra *Tao Te Ching, o Livro do Caminho e da Virtude*, de Lao Tse – Tradução direta do chinês e Comentários de Wu Jyh Cherng, coautoria: Marcia Coelho de Souza (Rio de Janeiro: Mauad Editora, 2011).

20 Para mais informações, consulte a obra *I Ching, o Tratado das Mutações*; Wu Jyh Cherng: coautoria: Marcia Coelho de Souza (Rio de Janeiro: Mauad Editora, 2015). Veja, nessa obra, o Hexagrama 40-Míng Yí, "Ferimento da Iluminação", trigramas Terra sobre Fogo, e *I Ching, a Alquimia dos Números*; Wu Jyh Cherng (Rio de Janeiro: Mauad Editora, 2001, reimp. 2003, 2013, 2.ed 2019). Veja o mesmo Hexagrama.

> A simplicidade, a afetividade e a humildade são consideradas os Três Tesouros do Daoismo. Quem pauta sua vida por essas virtudes, alcança a naturalidade de gestos e comportamentos.

Para o Daoismo, o caminho do sábio é, como já disse, um caminho suave, brando. Nunca se sabe quando um sábio sofre, porque ele não deixa isso transparecer. E nem existe esse conceito de sair do sofrimento para o não-sofrimento. Simplesmente, o sábio vive alegre e saudavelmente. O sábio sabe se transformar. A transformação direta é a condição ideal de vida.

Existe um conceito bem difundido, de que o sofrimento é um instrumento para o crescimento. Isso é um conceito espiritualista. O Daoismo não trabalha com esse conceito. Para o Daoismo, deve-se, simplesmente, aprender a sair do sofrimento. Só se sai do sofrimento, se você entrou nele. A partir daí, aprende-se a sair do sofrimento, com suavidade.

O Daoismo tem visões diferentes de outras escolas, em relação ao sofrimento e outros conceitos. Por exemplo, o conceito da compaixão – que é um dos fundamentos do Budismo – é visto de forma diferenciada. Para o Budismo, a compaixão significa uma pessoa entrar profundamente no sofrimento da outra, para poder entender e compartilhar a sua dor. O Daoismo diz que sim, é preciso compreender a tristeza e o sofrimento da outra pessoa, para poder ter compaixão; entretanto, o fundamental é ter uma alegria contagiante, para poder tirar a outra de seu profundo sofrimento. É importante não apenas compreender o sofrimento da outra pessoa, mas, fundamentalmente, é imperioso que a outra não sofra mais. Pode até ser que não se compreenda bem o sofrimento da outra, mas o que importa é a alegria que pode ajudar a outra a sair do seu estado. No Daoismo, a palavra "compaixão" é usada como "afetividade".

A leveza e a suavidade do exemplo daoista são positivas e construtivas. A partir do momento em que se trabalha com o Vazio universal que abraça todas as coisas no Universo, naturalmente haverá a compreensão do sofrimento do próximo. No entanto, não se deve sintonizar exclusivamente esse canal de frequência, mas sim deixar seu abraço envolver todas as outras frequências. Quem está no estágio do abraço do Vazio, acolhe tudo em seu próprio Ser. Porém, o envolvimento não pode ser totalmente direto, porque, dessa maneira, traria limitações.

Todas as qualidades que possuímos são nobrezas. Tudo aquilo que possuímos são riquezas. Nobreza não é ruim; riqueza não é ruim. Riqueza e nobreza somadas à arrogância, sim. A riqueza pode ser material, mas também pode ser conhecimento. A riqueza somada à arrogância é nociva. Numa linguagem simbólica, a riqueza pode, também, ser entendida como uma potencialidade quantitativa, e a nobreza como uma potencialidade qualitativa. Uma pessoa pode ser quantitativa e qualitativamente capaz de realizar coisas. Porém, quando essas qualidades são associadas à arrogância, podem ser prejudiciais. Uma pessoa possuidora de uma excepcional inteligência, associada à arrogância, é nociva, tanto para si mesma quanto para as outras pessoas. Ninguém pode fazer nada a respeito de uma pessoa talentosa, mas arrogante, quando está no poder. Também, ninguém pode fazer nada quando esta cai do poder. O próprio poder foi arrogante.

Para o Daoismo, uma pessoa extremamente inteligente, brilhante, talentosa, criativa, porém arrogante, perde o caminho da afetividade e da suavidade. A luz que ofusca não é a verdadeira Luz. Quando se possui a Luz (a Consciência), não se tem necessidade de usar o poder da inteligência, do talento e do brilho, de uma maneira ofuscante e violenta. Uma consciência plena é uma consciência que não ofusca.

Mestre *Mǎ* dizia que cada homem iluminado é como um incenso aceso, perfumando o ambiente, deixando uma obra no Universo. Mesmo que essa obra seja invisível, ela existe em níveis mais sutis, menos visíveis.

A mitologia chinesa conta que, em tempos imemoriais, houve um grande dilúvio. No dilúvio, morreram todas as pessoas da Terra, com exceção de duas – um homem e uma mulher. O homem se chamava *Fú Xī*, que concebeu o *Yì Jīng*, e a mulher se chamava *Nǚ wā* 女娲 ou *Nǚ Guo*. Algumas versões desse mito dizem que *Fú Xī* e *Nǚ Guo* eram irmãos; outras versões dizem que eram marido e mulher. A verdade é que *Fú Xī* e *Nǚ Guo* se casaram e procriaram.

> *Fú Xī* 伏羲 Homem Sagrado foi um sábio lendário a quem é atribuída a criação do *Yì Jīng* e que, segundo textos clássicos, viveu por mais de 200 anos, dedicando a sua vida à observação dos movimentos do céu, da Terra e dos seres vivos[21].

A partir dessas duas figuras simbólicas, tecem-se duas linhagens de mitologias e de conhecimentos, que representam a Tradição Patriarcal de *Fú Xī* e a Tradição Matriarcal de *Nǚ Guo*.

Todo o conhecimento do *Yì Jīng* deriva de *Fú Xī*, bem como a matemática, os números, a astronomia, a metafísica; uma força patriarcal – uma força *yáng*.

De *Nǚ Guo* nasceu a Tradição Matriarcal, que conta muitas lendas. Uma dessas lendas narra que *Nǚ Guo* foi a responsável por reestruturar e restaurar a desordem que acontecera na natureza.

Antes de acontecer o cataclismo na Terra, houve uma grande guerra entre os líderes do mundo. Depois de muitas mortes, vitórias e derrotas, finalmente um líder venceu o outro. Aquele que perdeu a guerra, irado por sua derrota, resolveu bater a sua cabeça na coluna de sustentação do Céu. Em linguagem simbólica, a coluna era como a base de um cogumelo. O Céu, então, desabou, tudo ficou escuro, e aconteceu a grande tempestade, o grande cataclismo. O mar subiu; a Terra partiu-se e afundou em si mesma; as pessoas morreram; o vitorioso e o derrotado também morreram. Restaram apenas *Fú Xī* e *Nǚ Guo*, que fugiram para o alto de uma montanha, e, assim, conseguiram sobreviver.

---

21 Para mais informações, consulte a obra *I Ching, o Tratado das Mutações*; Wu Jyh Cherng; coautoria: Marcia Coelho de Souza (Rio de Janeiro:Mauad Editora, 2015).

Nǔ Guo era extremamente sábia e resolveu restaurar o Céu. Para tanto, colheu pedras de cinco cores, dos cinco elementos: vermelha, branca, amarela, azul e preta. Usou o fogo para destilar os pigmentos e processar as pedras. Quando as pedras ficaram prontas, *Nǔ Guo* colocou-as, uma a uma, no Céu, tapando todos os buracos. Ela havia processado exatamente cem pedras e usou 99 para restaurar a abóbada celeste. O Céu ficou repleto de estrelas. As nuvens, então, desapareceram, o mar desceu, e o mundo pacificou-se. Criou-se uma nova civilização. *Nǔ Guo* não somente teve filhos com seu marido *Fú Xī*, mas também fez seres humanos de barro, sempre usando as cinco cores, representando as cinco raças.

Como vimos, sobrou uma pedra. Essa pedra que sobrou foi colocada no coração de cada ser humano que nasceu posteriormente...

Assim, ao olharmos para o céu, sentimos uma angústia, uma tristeza, almejando estar lá em cima... É que, dentro de nós, existe um pedacinho daquela pedra que teria sido uma estrela, se tivesse sido colocada no céu por *Nǔ Guo*...

Desde tempos imemoriais, o Homen tem feito um imenso esforço espiritual para conseguir se iluminar, ascensionar, subir ao céu, e se tornar uma estrela...

O grande sábio é aquele que recupera o estado do Absoluto, conclui o seu trabalho, e retorna a essa grande naturalidade, como as estrelas que decoram o céu. Dessa maneira, ele pega a sua pedrinha, seu pedaço de estrela, e vai para o Céu. Torna-se uma estrela...

As estrelas no céu servem como referência para todos os Homens. Nós nos orientamos pelas estrelas para conhecermos os conceitos de tempo, de estações, de direção, de todas as coisas.

O mestre ascensionado torna-se uma estrela, que passa a ser a orientação, a referência e a diretriz para os Homens que ainda estão aqui na Terra.

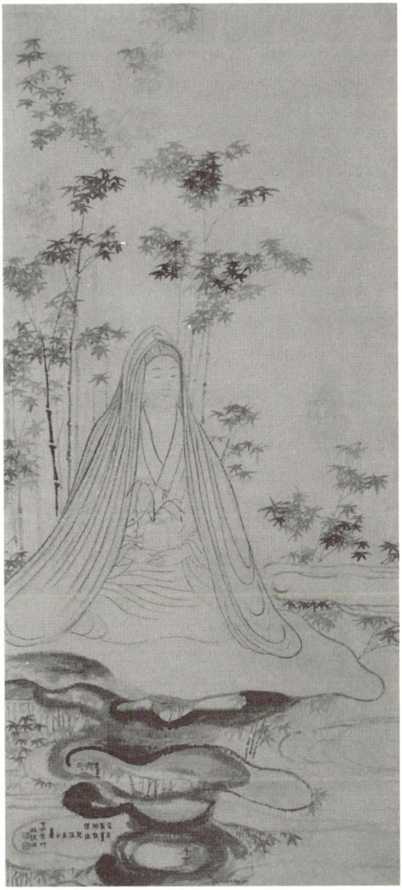

乾隆丙子二月三日畫于普那之廬

寒雲蟄華兩矢真山中遊有影艀鄰中
桃花如畫伴透日青松寺世情
巴江外史盧費讀

A UNIDADE DO SER

O que é a Unidade? Unidade é o um, é uma coisa só. Nosso grupo é uma unidade. Uma pessoa que abraça tudo como sendo único, não cria divisão, choque ou discordância entre as diferentes forças. Uma pessoa que abraça a Unidade é alguém para quem as diferenças não são vistas como contradições.

No nosso grupo, cada pessoa tem a sua personalidade própria e uma experiência pessoal diferente, mas todos estão aqui com um único objetivo: estudar o Daoismo. Para alcançar um objetivo, os diferentes se unem, sem que se tornem iguais; cada um tem a sua própria vida, o seu próprio destino, mas todos estão unidos por algum princípio. A unidade é a realidade que permite aos diferentes se juntarem, formando um grupo que contém, em si, uma unidade dentro da multiplicidade. São pessoas diferentes que se aceitam, formando uma unidade, sem perderem a individualidade.

O Daoismo acredita que a unidade é o consenso que aceita as diferenças que existem entre as pessoas. Também diz que a verdadeira unidade faz com que um grande número de pessoas – através de uma conscientização e de um consenso – descubra que a natureza temporária de cada um sempre é diferente. Portanto, as pessoas aceitam as diferenças que existem entre si, e buscam a realização, em conjunto, de algo em que todos acreditam. Isso é o que forma a verdadeira unidade.

Uma pessoa se realiza abraçando a Unidade, trazendo para si a consciência da Unidade. Como ela realiza isso? É preciso unir e fundir as cinco forças que existem no Universo.

No Daoismo, acredita-se que existem cinco forças simbólicas dentro do Universo.

Trata-se dos cinco elementos[22]: fogo, água, madeira, metal e terra.

---

22 Para mais informações, consulte a obra *Tratado sobre a União Oculta, Yīn Fú Jīng*; Huangdi, o Imperador Amarelo. Tradução e comentários de Wu Jyh Cherng; coautoria: Marcia Coelho de Souza (Rio de Janeiro: Mauad Editora, 2008).

Esses elementos representam os cinco tipos de energia; os cinco tipos de consciência; e as cinco partes do Ser.

O elemento fogo corresponde ao espírito de uma pessoa.

O elemento água corresponde às essências vitais de uma pessoa; os fluidos; os hormônios; os componentes do sangue; todas as matérias orgânicas e vitais que existem dentro de nós.

A madeira corresponde à alma. A alma é a consciência com personalidade; o espírito é a consciência sem personalidade.

O metal corresponde ao corpo.

A terra corresponde à vontade.

> **Vontade** 志 zhì
> Vontade e desejo (欲 yù) são palavras com sentidos próximos. A vontade vem da motivação interior, comandada pelo coração que pratica a ação não-intencional, seguindo o impulso comandado diretamente pelo *Tài Jí*; e o desejo nasce da motivação do ego, que pratica a ação intencional, seguindo os impulsos que recebe do mundo exterior.

Na prática da alquimia daoista, para uma pessoa alcançar a Unidade do Ser, ela precisa unir o corpo à alma; juntar o espírito à essência; e colocar esses dois eixos (vertical e horizontal) dentro de um único elemento, que é o elemento terra (elemento do centro, da vontade).

A vontade é a capacidade de juntar o corpo à alma, o espírito ao físico, que permite a pessoa abraçar a Unidade.

Os cinco elementos também podem ser interpretados sob um outro ponto de vista: pode-se entender o fogo como a consciência, e a água como o Sopro. Na nossa prática de meditação, juntamos a consciência com o Sopro. Sopro é a energia vital.

Na medicina tradicional chinesa, os cinco elementos atuam como estimuladores e controladores.

A madeira tem o poder de criar o fogo; e o metal tem o poder de criar a água.

Em outro simbolismo, se o fogo é consciência, a madeira é uma condição prévia, que permite a criação da consciência, a que chamamos de "Consciência do Céu Anterior".

O metal tem a capacidade de criar a água: ao derreter-se o metal, ele se torna líquido. A água representa o Sopro. O metal é a condição prévia, pois é capaz de ser transformado em energia. Essa energia é chamada de "Sopro do Céu Anterior".

Na prática da alquimia – ou na prática da meditação daoista (a alquimia é uma meditação) –, propõe-se a transformação do indivíduo através da fusão da consciência com a energia do centro, que é chamada de terra. Isso é feito através da vontade, numa concentração exata. Essa concentração trabalha com duas energias e duas consciências, ao mesmo tempo. É necessário que a Consciência do Céu Posterior se junte ao Sopro do Céu Posterior, e que a Consciência do Céu Anterior se junte ao Sopro do Céu Anterior.

O que é a Consciência do Céu Posterior? Céu Posterior significa todas as coisas manifestadas. Uma árvore na floresta tem uma madeira do Céu Anterior, genuína, que nunca foi podada nem moldada, que sempre foi assim. Uma cadeira, no entanto, é uma madeira que está em estado de Céu Posterior, porque foi modificada; foi cortada e moldada. Assim, também a energia vital que existe no Universo tem duas qualidades: uma energia que já foi moldada pelo pensamento, pelo costume, ou pela genética; e outra que nunca foi tocada, genuína, e que não possui forma. A energia (o Sopro do Céu Posterior) tem forma; o Sopro do Céu Anterior não tem forma.

A Consciência do Céu Posterior é uma consciência que tem forma. O pensamento é uma forma concreta ou uma forma abstrata; o sentimento tem uma forma concreta ou uma forma abstrata.

A consciência pura é apenas uma consciência, que pertence ao Céu Anterior. A consciência do Céu Posterior tem um julgamento, uma intenção, um valor; dessa forma, não é uma consciência pura.

Quando nos sentamos para meditar, devemos colocar a nossa consciência dentro do Sopro. Como fazê-lo? Pondo a nossa atenção no ar que respiramos. Enquanto o ar entra e sai, existe um volume intocável e invisível, mas que pode ser percebido. O ar tem volume; o ar é Sopro; Sopro tem volume. Consciência não tem volume. Colocar a consciência dentro do Sopro é o primeiro passo. Se conseguirmos fazer essa união, não mais teremos água em oposição ao fogo. Teremos apenas os dois juntos no centro; uma consciência dentro do Sopro. Numa linguagem simbólica, esse eixo que liga o Ser ao Sopro chama-se "eixo norte-sul"; sendo que o norte fica em baixo, e o sul em cima.

No planeta Terra, o eixo norte-sul significa que toda a massa da Terra gira em torno de si mesma; pode-se dizer, então, que existem os polos norte e sul. Porém, leste e oeste não existem: na Terra, ela sendo redonda, qualquer ponto de uma direção para a frente é leste, e qualquer ponto de uma direção para trás é oeste, em relação ao ponto anterior. É preciso usar um pouco a imaginação: a partir do momento em que se adquire essa consciência, percebe-se que essas duas linhas giram em torno de um mesmo eixo. Metal vai para o lugar da madeira, e a madeira ocupa o lugar do metal; na verdade, um junta-se ao outro. Quando a força converge em direção a si mesma, a consciência converge para o centro, e o Sopro também converge para o centro. Nesse movimento, o eixo, ao mesmo tempo que se compensa, vai ficando mais próximo, mais próximo, mais próximo... até chegar a um ponto. A partir daí, tudo se reduz a um único ponto.

Na prática, isso significa que, na meditação, conseguimos colocar a consciência dentro do Sopro, chegando a um ponto em que a consciência e o Sopro não podem mais ser divididos ou separados. Aparecerá, então, uma segunda energia (uma segunda consciência) girando ao nosso redor, que entra em nós até fundir-se conosco. Chamamos a isso de "Recolhimento da Matéria-prima" ou "Prima-matéria". A matéria-prima é a matéria utilizada na realização de qualquer coisa. Se queremos transformar nossa consciência e nossa vida, precisamos juntar, primeiramente, a nossa consciência (nosso espírito) ao Sopro em um só ponto, e, ao mesmo tempo, através dessa concentração, criar um centro de gravidade em nós mesmos. Esse centro de gravidade faz com que a energia da consciência cósmica (que vem de fora) nos penetre. A essa entrada dá-se o nome de "Recolhimento da Matéria-prima". Essa energia que vem de fora (consciência pura) é muito maior do que nós; muito mais poderosa. É uma energia transformadora: nossa cabeça muda, nossos sentimentos mudam, nossa consciência muda... E assim nos tornamos outra pessoa. Aparentemente, continuamos a mesma pessoa, mas, na verdade, nos tornamos outra pessoa, porque pensamos e sentimos com uma compreensão interior totalmente modificada.

A nossa sociedade prega que as experiências de transformação são perigosas, e que o Homem não deve dar sequer um passo em direção à transformação. Do ponto de vista da alquimia, o importante é, justamente, a transformação. A grande busca *é* a transformação. Ao conseguirmos realizar tal tarefa, passaremos a ser mais lúcidos e verdadeiros. Os pensamentos e os conceitos não mais nos atrapalharão, e a nossa consciência será uma consciência de pura Luz, clara e simples. A vida se tornará simples.

No processo de transformação, a consciência une-se ao Sopro; a Consciência do Céu Anterior une-se ao Sopro do Céu Anterior. Nesse momento, a consciência torna-se translúcida.

O Sopro do Céu Anterior é uma energia genuína, uma energia que ainda não incorporou os costumes ou os hábitos de uma pessoa; uma energia que não sofreu as interferências da emoção e do pensamento. É uma energia muito poderosa, que vem de fora de nós, e que, ao nos penetrar, purifica a nossa energia interior, eliminando todas as doenças. Quanto mais pura a energia, mais ativa e energética ela é. Quanto mais tensa a energia, mais envelhecida e sem qualidade ela é. Quanto mais nova a energia, mais rápida, ativa e luminosa ela é.

Voltando ao princípio: tudo isso está dentro do "abraçar a Unidade". A Unidade pode ser abraçada no nível do Sopro e do espírito unidos. Pode ser abraçada no nível do corpo físico. Pode ser abraçada por um corpo que se tornou um Corpo de Luz.

Abraçando-se a Unidade, pode-se chegar a altos níveis de transformação. É possível a qualquer pessoa chegar lá; não existem predestinados.

A alquimia diz que, através de uma tradição hermética, pela qual uma pessoa é iniciada por um mestre e recebe a chave da iniciação através da transmissão oral, é preciso, somente, que ela receba a ferramenta de seu mestre e tenha dedicação, esforço e realização pessoal, para conseguir realizar essa transformação e alcançar a Sagração do Homem.

> A Sagração é o nível mais alto de realização que se alcança dentro do Caminho espiritual daoista, quando o ser, através da prática disciplinada da meditação de alquimia daoista, rompe a barreira de tempo e espaço e integra-se ao Vazio ou *Dào*, fundindo-se com aquela dimensão e transformando-se ele mesmo no *Dào* como Absoluto. [23]

Mestre *Mǎ* dizia que a realização da alquimia serve para todas as pessoas, seja ela intelectual ou não. As pessoas muito intelectualizadas, mas com a consciência baixa – que somos nós mesmos –, são as que têm maior dificuldade. Quem tem a consciência elevada é quem já nasceu com a quietude interior. Uma pessoa menos intelectualizada, e que, por essa razão, não ocupa sua cabeça com muitos pensamentos, é capaz de entrar na quietude interior com muito menos esforço. Nós, os medianos, temos a cabeça cheia de conceitos e informações. Não somos ignorantes, mas também não somos conscientes; portanto, somos aqueles que têm as piores condições para nos realizarmos.

Mestre *Mǎ*, também dizia que, para podermos fundir as cinco energias numa só – juntando o metal com a madeira e o fogo com a água – precisamos preservar bem as cinco forças psíquicas (as cinco energias dentro de nós), sem lesioná-las. Os cinco elementos poderiam ser lesados das seguintes formas:

A euforia e a ira são prejudiciais à força do elemento madeira que existe dentro de nós.

- O medo e o terror prejudicam o nosso elemento metal.
- A angústia e a depressão lesam o elemento fogo.
- A dispersão (a falta de concentração) prejudica o elemento terra.

---

23 Para mais informações, consulte a obra *Meditação Taoista*, Wu Jyh Cherng; coautoria: Marcia Coelho de Souza (Rio de Janeiro:Mauad Editora, 2008).

- A perversão e a volúpia prejudicam o elemento água, as essências vitais.

Uma pessoa que está constantemente com raiva, prejudica a sua alma. Vivendo sempre de forma assustada ou aterrorizada, prejudica o seu corpo, seu elemento metal. Uma pessoa com depressão e angústia prejudica o seu coração, seu elemento fogo. Uma pessoa que está a todo tempo se desgastando na volúpia, ou seja, com excesso de prazeres sensoriais ligados à comida, álcool, sexo, jogos, enfim, tudo o que é excessivo, está prejudicando suas essências vitais, seu elemento água. E, finalmente, a dispersão faz com que a nossa vontade diminua, prejudicando o elemento terra, a vontade que está no centro.

Na prática cotidiana, precisamos ter cuidado para não cairmos no desequilíbrio dos cinco elementos. Como fazer isso? Não criando oportunidades para nos aborrecer, ficarmos depressivos ou arrasados. Se não criarmos essas situações, nada acontecerá, e, consequentemente, nada será preciso ser reprimido. A ira, angústia e outras emoções podem ser vícios que trazemos desde a infância, ou mesmo de vidas anteriores. Vício é ego. Ao combatermos um vício, através do nosso novo comportamento e nova conduta também acabaremos mudando o nosso meio social e círculo de amigos.

Mestre *Mă* nos orienta assim: antes de querermos nos transformar em super-homens, deveríamos tentar ser Homens comuns, e, para sermos Homens comuns, devemos evitar esses desgastes, para que as nossas energias permaneçam equilibradas.

Tendo as cinco energias equilibradas, conseguiremos juntá-las dentro de nós para encontrarmos o Um, a Unidade do Ser. E, a partir da Unidade do Ser, conseguiremos nos transformar.

乾隆□年春仲寫於加□□等 佐與蘭渚書屋之右

A PUREZA

A pureza é pura.

Respirar com pureza significa respirar puramente; simplesmente respirar, sem colocar pensamentos bons, nem pensamentos ruins; sem colocar boa ou, muito menos, má intenção. Qualquer pensamento perverso ou má intenção polui a nossa mente, polui nossa energia, nosso Sopro. Qualquer pensamento positivo torna o nosso Sopro formal; mesmo que seja de uma forma positiva, pois é a antítese do negativo. O bom é a antítese do ruim. Quem está apegado a uma energia boa, está apegado, consciente ou inconscientemente, a uma energia ruim.

Perversão é o termo usado no Daoismo para tudo o que é excesso, porque conduz ao desequilíbrio do organismo de uma pessoa.[24]

Normalmente, nós não respiramos simplesmente. Enquanto respiramos, normalmente ficamos pensando em mil problemas, e, assim, nossa respiração fica alterada. Mestre *Mǎ* dizia que uma das grandes responsáveis pelas alterações climáticas e ambientais que vivemos é, exatamente, a alteração da respiração do Homem. Imaginemos as milhões, e milhões, e milhões de pessoas que vivem na Terra respirando com ansiedade; assim, o ar, a atmosfera, fica alterado e mobilizado de maneira irregular.

O que altera a respiração? Nossa cabeça, nosso coração, nossa mente, nossas emoções... Elas fazem com que nossa respiração torne-se irregular, tensa, nervosa, agitada e indisciplinada. Essa indisciplina coletiva altera a respiração, e faz com que o Sopro que gira em torno da Terra – a atmosfera – seja alterado.

---

24 Para mais informações, consulte a obra *Tratado sobre a União Oculta, Yīn Fú Jīng*; Huangdi, o Imperador Amarelo, Tradução e comentários de Wu Jyh Cherng; coautoria: Marcia Coelho de Souza (Rio de Janeiro: Mauad Editora, 2008).

Mestre *Mă* entendia que o desequilíbrio mental e o emocional geram um desequilíbrio energético e atmosférico. A alteração da psique influencia, imediatamente, a alteração do ambiente. Para uma pessoa respirar com pureza, precisa saber respirar simplesmente. Se uma pessoa estiver respirando agitada ou deficientemente por causa de algum problema físico ou emocional, isso é chamado de "não respirar com pureza".

As crianças têm uma respiração mais pura do que os adultos, porque crianças não ficam paradas pensando nos problemas do cotidiano. É por isso que a respiração das crianças é mais simples. Respirar com simplicidade, respirar com pureza, permite-nos retornar ao estado de criança, novamente.

Na meditação daoista, é preciso, simplesmente, colocar a consciência dentro do Sopro. Consciência sem julgamento, sem intenção; consciência sem ser nada; apenas uma pura consciência. Assim, se respira com pureza.

Em sua vida cotidiana, o daoista, antes de querer se tornar um super-Homem, precisa ser um Homem normal. Um Homem normal tem discernimento. Isso não quer dizer que não se pode mais julgar. Não, significa que o julgamento deve ser feito como na prática da meditação. Na meditação, a pessoa está parada, não fazendo nada. Nessa hora, não existe julgamento. Na vida comum, é preciso ter discernimento.

Não julgar durante o momento da meditação permite que possamos trazer o Sopro da pureza para nós.

Aquele que alcança a suavidade da consciência, é capaz de respirar com pureza; é capaz de ter uma pura respiração; é capaz de alcançar o não-julgamento. Simplesmente tem a consciência dentro do Sopro e, dessa maneira, pode tornar-se como uma criança; uma criança recém-nascida.

O bebê ainda não sabe, ainda não tem discernimento. O bebê é suave, não só fisicamente, como também no seu comportamento. Existem alguns que são mais agitadinhos, porém todos os bebês são mais suaves e brandos que os adultos.

Se lembrarmos como éramos na nossa própria infância, poderemos sentir que éramos mais suaves; hoje somos mais rígidos. Criança, simbolicamente falando, é a antítese do idoso. A criança é recém-nascida, e o idoso está nas vésperas da morte. Quanto mais vivemos, mais rígidos nos tornamos em nosso corpo, nossos ossos, nossa cartilagem, e em nosso comportamento.

Precisamos retornar a um estado de suavidade, de pureza, de abrangência, de potencialidade latente. Potencialmente, todas as crianças podem ser sadias e bem-educadas e, com o passar do tempo, transformar-se em adultos pouco sadios e mal-educados. Todo resultado posterior parte de uma potencialidade. Pode ser comparado a um pedaço de barro torneado em forma de jarro, levado ao forno para ser queimado, e que, consequentemente, terá uma forma definida. Antes, porém, era apenas barro, e tinha potencialidade para ser modelado de infinitas maneiras.

Quem consegue ter uma consciência pura dentro do Sopro puro, acaba voltando a um estado anterior de ser; consegue recuperar dentro de si uma pureza, uma ingenuidade que sempre teve; que tinha quando era criança.

Quando éramos crianças, acreditávamos que muitas coisas eram possíveis. Éramos mais idealistas, mais otimistas, e acreditávamos em muitas coisas. Hoje já não acreditamos tanto e, em alguns casos, não acreditamos em mais nada. As pessoas sofrem, porque hoje não conseguem mais fazer as coisas como antigamente, quando eram crianças puras.

Através da transformação da alquimia interior, recuperam-se as potencialidades latentes. Através da meditação intensiva, recebemos, o tempo todo, esse Sopro, essa união. Nós nos modificamos; voltamos ao nosso princípio. Rejuvenescemos física e psicologicamente, trazendo de volta uma série de esperanças das quais hoje somente temos uma vaga memória, nas quais acreditávamos, e nas quais hoje não acreditamos mais. Passamos a acreditar nas coisas novamente. A criança acredita que um sonho pode tornar-se realidade. O adulto, não. O mundo em que vivemos é feito conforme a nossa consciência. Quando não conseguimos mais sonhar, o mundo torna-se triste. Quando voltamos a sonhar, nosso mundo torna-se mais acessível, mais possível de ser realizado.

Por isso, os mestres – os grandes alquimistas – retornam a esse estado de voltarem a ser como crianças: são capazes de penetrar no Universo do Mistério; passam de uma dimensão para outra; voam; transfiguram-se; transformam-se, tal como acontece nos contos de fada. Para eles, esses são fenômenos paranormais ou sobrenaturais que acontecem na vida. Nós, que somos adultos, entretanto, na maioria das vezes achamos que esses conceitos são conversas de um mundo de misticismo e de superstição...

> O Daoismo classifica como *fenômenos* as experiências místicas que ocorrem como alegorias durante a meditação, e que, apesar de sugerirem avanços na prática, não representam necessariamente progresso para o praticante. De modo oposto, as experiências que levam à expansão da consciência e comprovam seu desenvolvimento no Caminho são chamadas de *resultados*. Todo resultado que, em vez de ser interiorizado, é verbalizado ou sugerido sutilmente pelo praticante quando sai da meditação, transforma-se em fenômeno.

Toda experiência mística pode ou não ser vivida; depende do coração de cada um. Uma pessoa com o coração rígido não consegue viver; outra com o coração amaciado voltará a viver.

Todas as crianças são potencialmente místicas porque, para elas, tudo é possível. Criança fala sozinha; conversa com amigos invisíveis. Os mestres espirituais também falam sozinhos e conversam com amigos que não são visíveis para os nossos olhos. A diferença é que as crianças têm acesso a esse mundo de mistérios, a que chamamos de mundo do sonho, da ilusão e da fantasia. O mundo do misticismo chama-se Mundo do Mistério, mas os mestres não conseguem descrevê-lo numa linguagem que possamos compreender. Nossa linguagem é intelectualizada e racional demais para conseguir entender esse Mundo dos Mistérios.

O mestre espiritual poderia ser uma pessoa idosa que já viveu uma vida inteira, e que depois retornou a esse mundo infantil, ao redescobrir sua capacidade de abrir a Porta dos Mistérios. Ele tenta nos explicar esse Mundo do Mistério – que é o mesmo em que as crianças vivem –, fazendo uso de uma linguagem filosófica, com fundamentos, tentando achar explicações para nossas cabeças racionais o entenderem. É assim que são criados os ensinamentos e as explicações esotéricas e místicas. Os mestres choram; os mestres riem. Riem sem euforia; sentem tristeza sem sofrimento, sem desespero. Simplesmente refletem a realidade. Quando se chora com desespero, e se ri com euforia, algo está errado. Mas é assim que normalmente vivemos. É preciso voltar a viver cada gesto naturalmente, como cada gesto deveria ser. Esse é o chamado "Homem Autêntico"; o Homem que vive o estado real, verdadeiro.

Transcender a emoção, o sentimento e o pensamento não significa perder a emoção, o sentimento e o pensamento. Transcender o domínio da mente não significa perder a capacidade de pensar, a capacidade intelectual. Muito pelo contrário: passa-se a ter uma maior lucidez interior para exercer e utilizar esses recursos naturais sem problemas.

Essa criança, simbolicamente falando, passa a habitar o coração do Homem adulto, sem que ele perca o domínio de seu mundo adulto.

A prática da meditação daoísta é uma prática de alquimia, um processo de transmutação. Essa alquimia é realizada através da fusão da consciência pura com o Sopro genuíno do indivíduo, trazendo o Sopro do Céu Anterior do macrocosmo e a consciência pura do macrocosmo para dentro de nós. Essa grande força injetada em nós limpa-nos psíquica e fisicamente, varrendo todos os traumas, complexos, loucuras e distúrbios; varrendo e purificando, aos poucos, até que tudo fique totalmente purificado. Quando isso acontece, conseguimos retornar a viver o estado genuíno de ser, que é a verdadeira maneira de ser: sorrir na hora de sorrir; chorar na hora de chorar; trabalhar, simplesmente trabalhando; fazer as coisas, simplesmente fazendo; descansar na hora de descansar; realizar-se na hora de se realizar; agir com naturalidade.

乾隆二十七年八月七十六叟杭郡金農

A MULTIPLICIDADE NA UNIDADE

A diferença entre conhecimento e consciência é que conhecimento é uma consciência direcionada ou parcial. A consciência é uma compreensão total das coisas. Para poder compreender todas as coisas ao mesmo tempo, é preciso estar num estado mais passivo, ou seja, num estado contemplativo. É preciso estar totalmente contemplativo para poder observar tudo o que está presente ao mesmo tempo. É preciso ter uma quietude absoluta para poder sentir todas as pessoas ao mesmo tempo. É preciso anular totalmente o ego para poder estar dentro de todas as pessoas presentes ao mesmo tempo. A partir desse momento, cada ponto é um ponto de concentração, e cada ponto – cada partícula que forma o corpo, a sociedade, o país, o mundo – passa a ser uma partícula atuada pela consciência. A consciência está em toda parte. Para se poder estar em toda parte, é preciso permanecer num estado contemplativo, com o ego totalmente anulado. Quando se anula o ego, é possível estar concentrado em toda parte, estar em toda parte. Ficam então atuando, ao mesmo tempo, a concentração e a contemplação.

Um mestre de Zen-Budismo certa vez me contou uma experiência pessoal muito interessante: durante três ou quatro anos, ele se retirou em uma floresta, na qual vivia em uma caverna, comia raízes, bebia água da fonte e vivia na natureza, completamente isolado do mundo. Durante esse período – que foi o tempo de treinamento –, ele alcançou grande progresso espiritual. Houve uma vez em que, enquanto estava meditando, percebeu que, em todos os pontos do seu corpo, havia um homenzinho sentado e meditando, como ele. Milésimos de segundos depois, atingindo um estado ainda mais profundo de meditação, percebeu que cada homenzinho era ele mesmo, e que, numa progressão infinita de homenzinhos, todos se entreolhavam. Todos olhavam nos seus olhos, assim como olhavam nos olhos de todos os outros homenzinhos, simultaneamente. A imagem abaixo pode dar uma ideia sobre o que ele estava falando. Esse é o estado da consciência em estado de plenitude.

Vive-se a multiplicidade na unidade. Isso é, exatamente, a natureza do cosmos. Nosso Universo é a multiplicidade na unidade, e a unidade com multiplicidade. Cada um de nós é um Universo; cada um de nós está dentro de um ponto do Universo; e cada um de nós tem, dentro de si, infinitos pontos que são pontos do Universo. Essa multiplicidade está em toda parte. A iluminação absoluta de um indivíduo é, ao mesmo tempo, uma iluminação absoluta do Universo. A pessoa ilumina o Universo e todo o Universo se ilumina junto com a pessoa.

É preciso, portanto, encontrar o estado passivo, para poder entrar no estado ativo.

Através da quietude, o mestre zen-budista conseguiu enxergar a multiplicidade dentro de si, e também perceber que ele se encontrava dentro da multiplicidade. Esse é um estado ativo, um estado ativo complexo e múltiplo. Para conseguir chegar a esse estado complexo e múltiplo, é preciso estar, antes, num estado absolutamente passivo. Se não se anular o ego, não se consegue atingir a multiplicidade, e não se pode alcançar esse estado

Num grau menos elevado, isso significa que, na prática da meditação, deve-se tentar não se apegar ao corpo físico. É preciso desligar-se das sensações físicas.

É preciso que se entenda que a iluminação não é o mesmo que luminosidade. Quando se senta para meditar e tudo fica claro, luminoso, isso não é iluminação, isso é visão. A iluminação é algo totalmente fora dos fenômenos sensoriais. Iluminação é clareamento da consciência. É alcançar uma compreensão cada vez mais clara, mais lúcida. Quando se adquire uma lucidez interior, imediatamente se percebe o que é a intenção, o que está por trás da intenção, e qual é o verdadeiro sentido da intenção (o porquê de se agir de uma certa maneira). Essa é a compreensão da iluminação. Uma pessoa com a plena iluminação é uma pessoa que, simplesmente, tem uma clareza interior completa. Essa pessoa não pode ser enganada; ela pode, sim, fazer parecer que está sendo enganada, seja por compaixão, seja por tolerância, seja por discrição. Mas, fundamentalmente, sabe tudo o que se passa ao seu redor.

Na prática da meditação, é necessária a não-ação. Não tentar controlar a respiração; não tentar controlar a mente; não tentar controlar a sensação física. Deixar tudo fluir naturalmente. Também não bloquear as coisas.

O estado da não-ação é o estado da quietude. Não-ação significa ação não-intencional. Não-ação não significa não fazer nada. Não-ação significa deixar as coisas acontecerem, simplesmente. Nada acontecerá se não tiver que acontecer. No verão faz calor; no inverno faz frio; isso é natural; isso é ação não-intencional. Não-ação é uma consciência passiva que permite todas as coisas se manifestarem naturalmente.

Meditação é uma disciplina; a consciência passa a ficar disciplinada; qualquer pensamento que possa surgir é cortado suavemente. É preciso colocar a quietude dentro de si mesmo e deixar os pensamentos virem e irem; assim, vão ficando cada vez mais para trás. Com o tempo, os pensamentos desaparecem totalmente e entra-se na quietude, naturalmente, sem traumas. Esse é um ponto fundamental na prática da meditação.

東鄰滿生管弦聲 西舍朝車馬喧聲
有客夫貪午眠輸此開窗不開門
乾隆戊申年春七十二翁梅邨金農書拈
鄰秋先生有道之教 時寓廣陵朱草林

A AÇÃO FEMININA

No Daoismo existe um conceito chamado de "Porta do Céu". A Porta do Céu pode ser entendida como um canal que liga o Homem ao Universo. É uma abertura para o Universo maior. É o canal que pode levar uma pessoa a uma consciência maior e ilimitada.

Na simbologia do *Yì Jīng*, existe a trilogia do Céu, da Terra e do Homem. O Céu é a antítese da Terra. A Terra é finita, e o Céu é infinito. Pode-se medir o tamanho da Terra, mas é impossível medir o tamanho do espaço. A porta do Céu encontra-se dentro do Homem, e é uma abertura na qual a consciência do Homem encontra-se com a dimensão da infinitude.

Como se abre a Porta do Céu? É preciso uma chave. Essa chave é chamada de "ação feminina". A ação feminina não é uma ação brusca, mas sim uma ação suave. No *Yì jīng*, a linha *yáng* é a linha da força, e a linha *yīn* é a linha da suavidade. Ação feminina é uma ação de suavidade. Não se pode abrir a Porta do Céu de forma brusca ou dura. Essa chave é a chave da não-chave. Para se abrir a porta do Universo, não se usa nem força nem conhecimento, mas sim o coração, através da ação feminina.

Na visão ocidental, a ação feminina está relacionada ao conceito da intuição. Na verdade, é algo mais amplo do que apenas intuição.

Na prática mística, entra-se nesse canal para se atingir o estado da infinitude da consciência e da vida. Não se abre essa porta através de pensamentos, nem de força, mas sim através de algo mais sutil. É preciso ir sutilizando a consciência para fazer essa passagem. É uma passagem para o outro lado que é o infinito, sendo que esse infinito é de um tamanho infinitamente reduzido... Quanto mais sutil uma pessoa se tornar, mais sutil também se torna a porta, mas sempre mais sutil do que a pessoa; então, é preciso se sutilizar ainda mais... Através da ação feminina, a pessoa vai se sutilizando cada vez mais, até se igualar com a sutileza da porta do Céu. É então que se atravessa o Vazio até o Absoluto. A pessoa torna-se o próprio Vazio do Absoluto. Nessa hora, faz-se a passagem para o outro lado. É uma viagem infinita, em que se vai entrando... entrando... entrando... entrando...

Na prática inicial da meditação, sente-se essa sensação. É uma sensação de estar entrando dentro de um tubo e não se ter mais o corpo físico, nem memória, nem pensamentos... apenas uma consciência sempre mais e mais sutil.

A experiência mística, num nível profundo, é absolutamente individual, apesar de também conter algumas partes coletivas. Mas, essencialmente, não é possível descrever a infinitude: tudo fica igual; não existem diferenças. Chamamos a isso de "Grande Viagem".

Mestre *Mă* dizia que precisamos ter coragem se quisermos viajar longe. É preciso fazer votos; votos grandes; ter um grande propósito. Mesmo que não seja alcançado, pelo menos não se limita a jornada. Quando se procura a infinitude da Consciência – que é uma infinitude de vida –, deve-se lançar um voto grande, que dispare para muito mais longe, e leve a pessoa para um estado bem mais avançado. Não se deve ter medo de se transformar ao máximo. Na cultura ocidental, esse medo da transformação é incutido no Homem; o Homem não pode ter vontade; o Homem não pode querer ser igual a Deus. Desprezam-se as pessoas que querem ser santas. No Daoismo, é preciso buscar ser mais do que um Homem santo, é preciso se igualar a Deus para tornar-se o Absoluto. E isso não é uma ofensa contra o Absoluto, não. Isso é, na verdade, uma integração com Deus. A partir do momento em que o Homem é igual a Deus, ele apenas é o Vazio igual ao outro Vazio, para que ambos os Vazios possam se juntar. Se a pessoa não atingir o Vazio, não poderá juntar-se com o outro Vazio. Será então, eternamente, um Ser separado desse Vazio. Por isso, o voto tem que ser grande; sem remorsos, sem culpa.

Dentro do Daoismo, aquele que tem valor é aquele que procurou muito, sem medo de ingressar na Porta do Céu e da infinitude; sem medo de se iluminar e de se clarear; sem medo de fazer parte de cada partícula, de cada parte do Universo, da vida. Sem medo de tornar-se a consciência que está em toda parte. Sem medo de alcançar a iluminação de uma compreensão plena. Sem medo de tornar-se aberto para a infinitude através da ação não-intencional e do não-conhecimento e, sim, através da sutilização feita com a ação feminina.

Mulheres têm a capacidade de gerar um filho, mas nem todas criam seus filhos. Gerar é o princípio, e criar é a continuidade. Todo princípio tem que ter uma continuidade. Quando geramos uma vida, temos que dar continuidade a essa vida; temos que criá-la. Quando o *Dào*, como Absoluto, gerou o Universo – no momento em que o Universo foi gerado –, esse Universo passou a receber a assistência do próprio *Dào*, continuamente, através da criação. Criação é a continuação da geração. Gerar e criar.

O Absoluto – o *Dào*, como Absoluto – gera e cria, e faz com que tudo exista. Continua acompanhando e dando assistência a todas as coisas. Apesar de gerar e criá-las, não possui as coisas; não se apossa das coisas. Diferentemente dos Homens, que se apossam de tudo e julgam ter direitos sobre todas as coisas.

O *Dào* cria, mas não se apossa, Ele apenas auxilia. Mestre *Mǎ*, em uma de suas aulas, nos disse que, para o Homem que deseja a vida, o *Dào* lhe oferece a vida; para o Homem que deseja a morte, o *Dào* lhe oferece a morte. O *Dào* é apenas uma assistência passiva que oferece ao Homem tudo aquilo que ele quiser. Se o Homem quiser saúde e equilíbrio, naturalmente irá recebê-los. Se o Homem quiser terminar com a sua própria vida, com certeza, nisso o *Dào* não o ajudará. Esse ponto mostra uma enorme diferença entre o Daoismo e outras religiões. É um ponto importante, porque derruba os conceitos de inúmeros esoterismos da nova era. Se o Homem quiser a vida, então deve realizá-la na Terra, e não ficar esperando por uma entidade ou um extraterrestre para salvá-lo de alguma coisa. O *Dào* simplesmente auxilia o Homem naquilo que ele quer. Portanto, toda a responsabilidade da vida é nossa. O que importa é o trabalho da consciência. Constantemente, o Daoismo tenta ajudar a despertar a consciência das pessoas.

O *Dào* gera e cria, mas não se apossa, e, por isso, o Céu e a Terra podem seguir seus cursos naturais. O Homem costuma apossar-se daquilo que cria, e, por isso, seu curso de vida não é natural. O Homem está o tempo todo tentando interferir nas coisas, criando choques com pessoas e situações.

O *Dào* faz as coisas, mas não as quer para si. O *Dào* simplesmente faz as coisas. O Daoismo é uma tradição que tem uma característica própria (foi desenvolvido no continente chinês e possui um certo aspecto cultural), mas o *Dào* não pertence ao Daoismo. O *Dào* não pertence aos daoistas. O Daoismo e os daoistas são aqueles que buscam o *Dào*. Uma pessoa que não é daoista pode, perfeitamente, estar buscando o *Dào*, sem estar ciente disso.

O Daoismo não prega aquele conceito de que se alguém não for daoista, não será salvo, e, se não for doutrinado pelo Daoismo, será abandonado para sempre. O *Dào* nada quer para si. Cada um é responsável pelo seu destino.

Na prática da meditação, existe o estágio das práticas mais primárias, e existem os estágios mais avançados, com canais de energia sendo despertados, ou, num nível ainda mais avançado, quando se entra no Sopro do Céu Anterior. Às vezes (em todos os níveis de prática) parece que o corpo balança, efervesce e fica sem controle. Nessa hora, é preciso haver uma quietude interior para se verificar que tudo é ilusão. As forças ilusórias deixam de ser forças ilusórias a partir do momento em que se considera o que é real para nós. Esse é o aspecto a que chamamos de normalidade. Quando se considera uma coisa real, ela passa a ser real. Se para nós é real flutuar no ar, poderemos flutuar no ar – se isso for realmente a nossa intenção. Se, no nosso íntimo, não nos convencermos de que iremos flutuar, não conseguiremos realizar o ato de flutuar. As coisas são como acreditamos que possam ser.

Uma pessoa pode ser bastante cética, mas, a partir do momento em que ela se dispõe a entrar fundo na prática de meditação, as experiências começam a surgir com o tempo. Portanto, naturalmente, adquirimos o domínio sobre as forças que, em última análise, são as que chamamos de "forças ilusórias". Na prática mística do Daoismo, é preciso passar por esse corredor com todas essas forças atravessando a pessoa, sem que a pessoa seja pega por nenhuma delas, para poder alcançar o outro lado, onde essas forças não têm mais domínio. Acontecerá, então, o contrário:

a pessoa passará a dominar essas forças. Partindo da normalidade, e atravessando o corredor da paranormalidade, alcançar-se o ponto que transcende a paranormalidade, no qual se abraça a normalidade e a paranormalidade com naturalidade. Tudo passa a ser simplesmente normal. Nesse momento, é adquirido o assim chamado "Poder Sagrado". Não é um poder paranormal. A sagração é abraçar todas as coisas ao mesmo tempo; abraçar deuses e demônios; abraçar o dia e a noite; abraçar o que é normal e o que é paranormal; tudo ao mesmo tempo. Tudo de forma natural, sem intenção de utilização, e sem intenção de não-utilização; sem querer ser dono dessas forças, e sem querer evitar essas forças. Essa lucidez – essa quietude interior – chamamos de "clarear e iluminar".

A força e o poder mágico são meramente uma consequência que compõe as múltiplas faces do Universo. O Universo tem um lado "cético", onde nada parece acontecer, e outro lado, onde tudo parece acontecer: um mundo de fantasia, um mundo de ilusão, que é concreto.

No mundo da fantasia, existe o lado concreto: quando se dorme, o outro lado é o sonho. Quando se está dentro do sonho, o outro lado – o lado de cá, esta aula, por exemplo – é que é o sonho. Na verdade, ambos são sonhos: o sonho do lado de cá e o sonho do lado de lá. Uma pessoa que vive profundamente o Mistério, é uma pessoa que é capaz de viver e ter acesso a esses sonhos, sem ser presa pelos sonhos. Ela abraça todos os sonhos, porque o próprio Universo é um grande sonho, sem ser seu prisioneiro. Dessa maneira, pode-se sonhar!

Resumindo, Mestre *Mǎ* nos diz que o Homem que instaura o *Dào* em si, deve aprender a não forma, o não-nome e o não-sentido do *Dào*, para criar a não-forma, o não-sentido e o não-nome. Dessa maneira, esse Homem pode tornar-se o próprio *Dào*, que pode criar todas as coisas sem possuí-las; sem dominá-las. Isso se chama Misteriosa Virtude. A Misteriosa Virtude é uma virtude invisível.

Por isso, *Lǎo Zi* diz inúmeras vezes que o Homem sagrado beneficia a humanidade, sem que a humanidade o perceba.

金井鹿庵棄甘錦汲嘉蔭郴綱鳩防華不
梅披麓苔祝灘天不顯明二十五籌中午
乾隆丙子嘉平月玉局禪師門見施雀雲山識

RECOLHIMENTO DA MATÉRIA-PRIMA

A grande diferença entre a alquimia e as outras práticas espirituais é que a alquimia acredita que, através de uma técnica correta de fusão da consciência com o Sopro, pode-se gerar um efeito transformador, que faz com que, naturalmente, nos modifiquemos. Quem medita terá, espontaneamente, um comportamento diferente, não através da discriminação ou da doutrinação, mas através de uma modificação natural.

No Daoismo, não se trabalha a mudança do comportamento no comportamento. Trabalha-se a mudança do comportamento fora do comportamento. Para isso, é preciso meditar diariamente; purificar a consciência; ficar do lado de fora da forma da linguagem do comportamento, de uma maneira adequada. Para se carregar uma mala, é preciso estar fora dela.

Trabalhando fora da situação, obtém-se um resultado natural.

O processo de trabalho da meditação é a criação da fusão da consciência com o Sopro; a união da consciência com a energia.

Estudando a simbologia dos cinco elementos, temos:

Elemento fogo em cima, água em baixo, madeira de um lado, metal do outro, e a terra no meio.

Na prática da meditação, o elemento terra corresponde ao ponto de concentração, ou ponto de convergência.

Numa linguagem simbólica, é da terra que se retira a madeira; é da terra que se extrai o metal; a terra sustenta o fogo, e a terra recolhe a água. A terra é como uma matéria sólida. Não se pode fazer o fogo acender do nada: o fogo só existe aderido a alguma coisa. Ao se botar fogo numa cadeira, esta arderá em chamas, até desaparecer. Quando a matéria é consumida, o fogo apaga, desaparece. O elemento terra do centro simboliza a sustentação da existência do fogo.

Todos os elementos convergem em direção ao elemento terra. A terra, portanto, simboliza o ponto de convergência; o ponto de concentração.

Nas escolas orientais, existem infinitas técnicas de meditação; porém, basicamente, elas podem ser resumidas a dois fundamentos: concentração e contemplação. A concentração é uma atitude ativa da consciência, e a contemplação é uma atitude passiva da consciência. Quando nos sentamos na praia, olhando o mar, observando as pessoas, e escutando o vento, sem nos preocuparmos com nada, ficamos apenas contemplando. Nessa hora, a atitude mental – a atitude da consciência – está em um estado passivo. Estamos, passivamente, contemplando as coisas que estão acontecendo. Quando assistimos à copa do mundo, temos nossa atenção toda voltada para a televisão; estamos exercendo uma atitude de concentração. Essa atitude é contrária àquela da praia, em que olhávamos tudo, sem intencionalmente focar em nada. A concentração é uma atitude da consciência; é uma atitude da mente ativa; é quando, objetivamente, colocamos a nossa atenção em algo específico.

A contemplação e a concentração são, basicamente, os dois fundamentos da meditação. As práticas de meditação chinesa, japonesa, indiana e tibetana trabalham todas com esses dois fundamentos, ou, então, com uma mistura dos dois, podendo, em alguns casos, ser mais predominante a concentração ou a contemplação.

Na prática de meditação daoista, o elemento terra representa o ponto da convergência. O ponto da convergência é o ponto da contemplação, ou da concentração. A partir do momento em que se está fora de um ponto e olhando fixamente para ele, esse ponto é o ponto da convergência. Toda a nossa atenção, toda a nossa consciência converge para aquele ponto. O Cristo Redentor no alto do Corcovado é um ponto de concentração, porque toda a cidade do Rio de Janeiro o vê; até turistas vêm de fora para vê-lo.

Sempre que olhamos para um lugar, nossa energia se dirige para esse lugar. Qualquer lugar que chama atenção em si, é um ponto de concentração de energia; é um ponto de convergência de atenção. A atenção leva a energia para esse ponto.

Do mesmo modo, numa prática de meditação, coloca-se a energia num ponto, criando-se um ponto de concentração. O ponto de concentração nos ajuda a anular a dispersão, eliminando excesso de pensamentos, e criando um único pensamento, uma única atenção. O ponto de concentração é o ponto de força para o qual tudo se dirige. Os pontos de concentração são os pontos de força. Quando alguém nos olha com desprezo, logo nos sentimos mal, sem energia. Se alguém nos olha com inveja, a energia nos foge. Se alguém nos olha com admiração, nos sentimos energizados.

Na prática de meditação, trabalha-se com o ponto de concentração, que é simbolizado pelo elemento terra, o elemento do centro. Por isso, muitas pessoas visualizam mandalas, ou uma palavra sagrada, ou um símbolo mágico. Todas elas são técnicas de concentração. O Cristo Redentor é um ponto de concentração para todos os que estão fora dele e tudo o que está ao seu redor. Porém, ele, para si mesmo, é um ponto de contemplação; ele está no ponto central, e tudo e todos giram ao redor dele. Ele percebe tudo o que acontece. Olhando de fora para o Cristo Redentor, vemos que ele é um ponto de concentração. Se estivéssemos dentro dele, passaríamos a ser um ponto de contemplação. Na prática da meditação daoísta, trabalha-se com a contemplação e a concentração, simultaneamente; contempla-se e entra-se dentro do seu próprio ponto de concentração, ao mesmo tempo.

Numa prática mística, é preciso tanto concentrar num ponto de fora dele quanto entrar dentro desse ponto e tornar-se esse ponto. Nesse momento, estaremos, ao mesmo tempo, no ponto da concentração e no ponto da contemplação. Somos uma força que concentra, ao mesmo tempo que somos o centro que contempla tudo o que gira ao nosso redor.

O que fazemos na nossa prática de meditação? Colocamos a consciência dentro do ar que respiramos. Nesse momento, o ar que respiramos é o ponto de concentração; estamos observando; temos nossa consciência fora do aparelho respiratório, e observamos o ar que entra e sai. O ar que entra e sai é o ponto de concentração; e nós somos aquele que concentra a atenção no ar entrando e saindo. Ao mesmo tempo, não apenas observamos o ar entrando e saindo, como também tentamos entrar dentro do ar, tornando-nos o próprio ar entrando e saindo. Atingindo esse estágio, nos tornamos a própria contemplação.

É preciso que entremos dentro da nossa própria concentração, para podermos contemplar e concentrar ao mesmo tempo. Nessa hora, conseguimos ter as duas consciências: a consciência *yáng*, que é a concentração, o ativo; e a consciência *yīn*, que é a contemplação, o passivo.

Nesse momento, a consciência atinge o estado do *Tài Jí*, que é o estado do Uno. Esse é o trabalho que devemos fazer.

O ponto de concentração corresponde ao elemento terra. Para esse elemento terra são trazidas a consciência racional e a energia vital, a respiração. A primeira corresponde ao elemento fogo, e a segunda, ao elemento água.

Também são trazidas, para esse ponto, a consciência anterior ao pensamento e a energia anterior ao ar, que são a Consciência do Céu Anterior e a Energia do Céu Anterior. Todas convergem para o mesmo ponto. A partir daí, temos a energia do Céu Anterior e a energia do Céu Posterior no mesmo ponto; temos a consciência do Céu Anterior e a consciência do Céu Posterior no mesmo ponto. Temos, portanto, cinco elementos contidos num só. Cria-se, então, o segundo *Tài Jí*: tudo convergido para um só ponto. *Tài Jí* significa o Uno, a Unidade.

Durante a meditação, quando atingimos esse ponto, entramos num estado que chamamos de "fixação" – um estado de êxtase, quando não mais sentimos o nosso corpo, não mais sentimos nossa respiração; quando não mais existem pensamentos ativos; apenas uma consciência fundida dentro de uma energia que não tem forma. É um estado de caos, em que não há diferenciação.

Nesse momento, as batidas cardíacas parecem ficar imperceptíveis; praticamente não há respiração; o corpo fica menos quente; a pessoa permanece absolutamente imóvel; e nada poderá acordá-la. A maioria dos praticantes de meditação tem medo de atingir esse estado; medo de morrer. Mas, pelo contrário: nesse ponto, atinge-se um estado de absoluta vitalidade, porque é um estado em que a consciência e a vida não estão separadas. O que conduz uma pessoa à morte é a separação da vida e da consciência. Quando nascemos, a consciência é incorporada ao corpo vital, que nasce, cresce, se alimenta, cansa, adoece, envelhece e morre. Quando acontece a morte, essa energia vital é perdida, e a consciência parte em frente, para uma outra vida. Por isso, temos a vida e a morte. A vida e a morte são a constante união da consciência com a energia vital, e a constante separação da consciência com a energia vital. Todo o tempo encarnamos e desencarnamos.

Durante o estado de êxtase na meditação, a consciência e a energia vital ficam unidas com absoluta firmeza, porque, nessa hora, a consciência está na própria vida. Vida é consciência, e essa não-separação não pode ser desunida, criando-se, então, o efeito da longevidade. Quanto mais vezes conseguirmos entrar nesse estado de êxtase, maior resultado teremos em relação à prolongação da nossa vida e ao nosso equilíbrio emocional e mental. Tudo isso significa a convergência dos cinco elementos.

Mestre *Mǎ* nos dizia que, para que os cinco elementos se completem em sua convergência, temos que fazer uma fusão do metal com a madeira, e do fogo com a água; todos fundidos no elemento terra. Se faltasse algum elemento, como faríamos essa fusão? Se quisermos fazer um caldo de legumes, precisamos de uma panela, água e legumes. A panela é o ponto de concentração, o elemento terra. Se não tivermos uma panela, água, fogo e os legumes, nada poderemos fazer.

A fusão desses elementos chama-se "Recolhimento da Matéria-prima" ou "Prima-matéria". Matéria-prima ou Prima-matéria são termos usados na alquimia. Para se trabalhar, precisa-se de matéria-prima: quatro elementos fusionados dentro do quinto elemento.

Nenhum desses elementos pode faltar; não podemos desperdiçá-los em nossa vida cotidiana: os aborrecimentos prejudicam o elemento madeira; o excesso de prazeres prejudica o elemento água; o excesso de medo e pavor prejudica o elemento metal; a angústia e a depressão prejudicam o elemento fogo; a dispersão prejudica o elemento terra. O tempo todo precisamos estar atentos para evitar esses desgastes. Quanto menos nos desgastarmos, mais recursos teremos para realizar a nossa prática espiritual.

A vida atual diminui as condições para podermos realizar um trabalho espiritual. As pessoas não trabalham espiritualmente, porque não investem em si mesmas para que a transformação aconteça. Normalmente, elas precisam primeiro livrar-se do estresse da vida cotidiana para se tornarem pessoas comuns, para, somente então, poderem entrar numa viagem mais profunda, evitando desgastes como a raiva, a ira, o estresse físico e emocional, a dispersão, e assim por diante. Não é preciso lutar contra esses desgastes, e sim evitar entrar neles. Se uma pessoa é viciada em alguma droga, por exemplo, não deveria aceitar convites para festas nas quais, fatalmente, iria encontrar a droga.

Portanto, o trabalho para que o desgaste não aconteça é essencial.

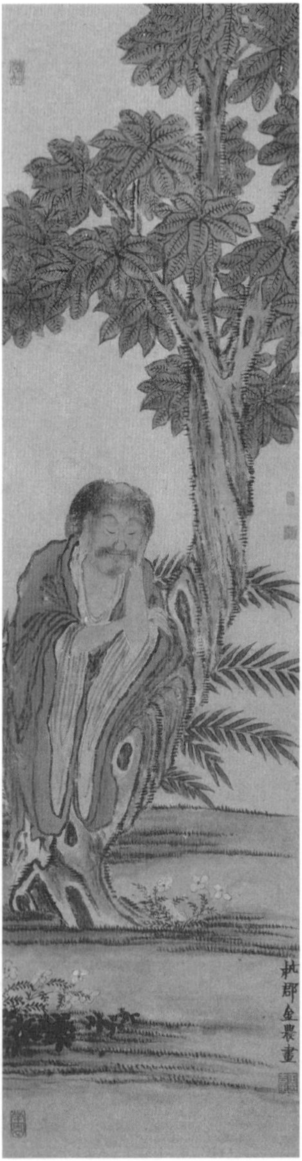
杭郡金農畫

A AUTÊNTICA TERRA

Toda prática espiritual deve ter um propósito, um meio de realizar esse propósito, um método para saber sair das emergências, e um resultado. Uma prática espiritual feita sem um propósito não levará ninguém a lugar nenhum. Sempre que temos um propósito, ele deve ser possível de ser alcançado. Se alguém tiver um propósito sem saber como realizá-lo, esse propósito não passaria de uma mera especulação intelectual. O Budismo diz que todo ser humano pode chegar à iluminação. O Daoismo diz que todos os seres podem alcançar a imortalidade. No entanto, sem um meio para tais realizações, não existirão a sagração, a iluminação e a imortalidade. O sentido só existe a partir do momento em que o objetivo pode ser alcançado.

> **Imortalidade** é uma condição referida ao espírito, um estado alcançado apenas por alquimistas realizados no *Dào* que transcendem o Ciclo da Vida e da Morte. E imortal é quem vive essa condição de origem celestial, não importa em que época mundana se encontre.

Todas as práticas espirituais que envolvem a alteração da consciência e a modificação da estrutura física da pessoa precisam ser administradas e controladas. Qualquer imprevisto – uma alteração na consciência pela qual a pessoa perde o seu controle e a sua razão, podendo até adoecer fisicamente – só pode acontecer quando há falta de objetivo. Portanto, é preciso que a pessoa tenha um objetivo para a prática espiritual, que ela saiba o que quer fazer e, através de um método correto, possa evitar possíveis acidentes. Para obter um resultado, este tem que conferir com o propósito. Se esse não for o caso, é porque provavelmente ainda não se alcançou o ponto ideal.

Todas as práticas espirituais precisam ter um propósito, um meio de realizar esse propósito (evitando doenças e acidentes), e alcançar um resultado que confira com o propósito. De outra maneira, qualquer prática seria uma perda de tempo.

Os mestres sempre perguntam às pessoas que abraçam o Daoismo: "O que você quer da sua vida? Qual é o objetivo da sua vida? O que é mais importante para você? Qual é a prioridade de sua vida?".

Quando seguimos um caminho, temos que saber, pelo menos nesse momento, qual é o nosso objetivo; qual é a nossa meta; até onde queremos ir; e o porquê de estarmos fazendo isso.

Quando uma pessoa entra numa escola iniciática, optando por um certo caminho, ela necessita saber por que fez essa escolha, e se isso é a prioridade da sua vida.

A prática espiritual exige muita dedicação e muito tempo, até que se atinjam quaisquer resultados. Se isso não estiver claro, pode acontecer de uma pessoa tomar sérias atitudes em relação aos objetivos de sua vida, sem ter consciência de suas ações. Há casos em que o consciente de uma pessoa constantemente apresenta um discurso de espiritualidade, que é sempre regido pelo lado espiritual; porém, na verdade, a pessoa pode estar se contradizendo, atuando inconscientemente de uma maneira, e tendo um discurso de outra maneira.

É comum encontrar pessoas no caminho espiritual que se julgam espiritualizadas e que afirmam que esse caminho é extremamente importante para elas, apesar de as suas ações não demonstrarem isso. Essas pessoas parecem não ter consciência dos objetivos de suas vidas. O Daoismo subentende que o praticante saiba o que quer na vida e que trabalhe sua consciência na medida em que possa ser trabalhada. Se uma pessoa não quiser praticar diariamente, mas somente uma vez por semana – se isso for realmente um ato consciente –, então está tudo bem, ótimo mesmo; essa pessoa tem uma consciência bem trabalhada. O que não seria bom é se alguém fizesse um discurso espiritual sem, na verdade, estar realmente consciente do que quer para a sua vida.

Na iniciação daoista, os mestres perguntam, com firmeza: "O que você quer? O que você realmente quer?". A pessoa, então, precisa ter clareza para se posicionar perante a sua prática espiritual, e saber até que ponto ela pode se comprometer.

O importante é o objetivo a ser alcançado. Uma pessoa pode estar praticando uma meditação que o seu mestre lhe recomendou e se aprofundar nela até tornar-se um Buda iluminado; no entanto, esse praticante queria apenas usar essa prática como técnica de relaxamento, sem nenhuma intenção de se iluminar. Isso é possível, desde que a pessoa tenha consciência do que está fazendo.

Estes são, exatamente, os pontos sobre os quais estamos sempre falando: ter consciência das coisas; saber o que queremos e por que as queremos; até que ponto pretendemos chegar; e de quanta energia dispomos para isso, ou seja, para alcançar o nosso objetivo. A partir daí, podemos assumir tudo dentro de nossos limites. Se assumirmos algo sem consciência, a prática poderá tornar-se muito pesada, cobrando-nos demais, ou exigindo uma postura que não somos capazes de assumir com facilidade. Isso gera uma falsa realidade, e é o que devemos evitar.

A primeira etapa na prática do Daoismo é tomar consciência da sua própria realidade e, nesse momento, decidir até que ponto é possível chegar, partindo, sempre, da realidade desse momento, e abrindo o caminho para a frente.

Qual é o propósito da prática do *Dào*?

O Daoismo, basicamente, propõe as seguintes etapas:

primeiramente, compreender o que é o *Dào*; em segundo lugar – uma vez que o *Dào* estiver compreendido –, tentar aprender com o *Dào*; e, em terceiro lugar, tentar realizar-se através do *Dào,* para, finalmente, tornar-se o próprio Dào.

O que é o *Dào*?

O *Dào* é o Absoluto; é a raiz de todas as coisas. Está na manifestação de todas as coisas. É o gerador de todas as coisas e, também, propriamente, todas as coisas em si. Isso é o que chamamos de Céu Anterior e Céu Posterior unidos. É o *Wú jí*.

> *Wú jí* 無極 significa Extremidade (*jí*) Inexistente (*wú*), e representa o *Dào* como Absoluto, antes de qualquer manifestação, estado anterior à criação do Universo. É uma categoria da teologia daoista, dimensão na qual estão representadas as divindades do mais alto nível de pureza espiritual e para a qual migram os seres que se realizam na perfeita integração ao *Dào*, quando alcançam o estado da Sagração.

A pessoa que tenta compreender o que é o *Dào*, primeiramente procura entender que o *Dào* é o Absoluto. Nesse Absoluto, estão incluídos o visível e o invisível; o manifestado e o não-manifestado; a forma e o vazio; o passado, o presente e o futuro, no mesmo ponto. Tudo o que se possa imaginar, e tudo o que não se possa imaginar, sendo uma coisa só.

Uma vez compreendido isso, entra-se na segunda etapa: aprender com o *Dào*. Tentar assimilar, viver, e ser os próprios ensinamentos do *Dào*. Tentar ser íntegro e indivisível. Tentar viver o lado racional e o lado não-racional, ao mesmo tempo. Tentar escutar a palavra e o silêncio, ao mesmo tempo.

Isso aprendido, entra-se na terceira etapa: viver com o *Dào*. Deslizar pela vida através do próprio Vazio e da forma. Deslizar pela vida através da manifestação e da não-manifestação, ao mesmo tempo. Viver junto com o *Dào*, quando o Universo demonstrar expansão, entrar na sintonia da expansão. Quando o Universo entrar em recolhimento, entrar em sintonia com o recolhimento.

Finalmente, quando se está integrado ao *Dào*, a pessoa torna-se o próprio *Dào*. Nessa hora, sua consciência está em toda parte, e sua energia está ligada a todas as energias. A energia e a consciência não mais estão separadas.

Como fazer isso é uma outra questão.

É preciso haver um meio para essa realização. Essa realização acontece através do processo da união do *yīn* e do *yáng* que existem dentro de nós.

Por exemplo, a visão é *yáng*, mas, em relação à palavra, é *yīn*. O tato é *yáng*, mas, em relação ao paladar, é *yīn*. A respiração é *yáng*, mas, em relação à concentração, é *yīn*.

A consciência é *yáng*; o Sopro é *yīn*. Unindo a consciência ao Sopro, entra-se no processo de integração. A integração se faz através da prática da meditação. Na prática da meditação, coloca-se a consciência dentro do Sopro, até se chegar ao ponto em que a consciência e o Sopro tornam-se a mesma coisa. Onde há energia vital, há consciência; onde há consciência, há energia vital. Essa é a primeira etapa. Na segunda etapa, é preciso que haja uma expansão da consciência individual para a consciência coletiva; uma conexão da consciência individual com a consciência cósmica. Acontece também o inverso. É preciso que haja uma conexão da energia do Universo com a energia pessoal.

Imagine isso como um terminal de um computador, ligado a todos os outros terminais do Universo, conectando a energia de uma pessoa com a energia de todo o mundo, e a consciência dessa pessoa com a consciência do Universo. Nesse momento, é atingida a Unidade. Nossa consciência é a própria consciência do Universo. Nossa consciência está em toda parte; nossa energia é a energia do Universo. A energia e a consciência do Universo também estão dentro de nós. Cada parte do Universo em que existem consciência e energia, estará ligada à nossa consciência e à nossa energia. Nessa hora, estaremos unificados ao Universo.

Finalmente foi alcançado o *Dào*... ou não foi?

Ainda não se chegou ao *Dào*. Apenas se alcançou a parte manifestada do *Dào*, que é o *Tài jí*. Nossa consciência está em toda parte do Universo, e cada partícula de energia é nossa própria energia, mas, ainda assim, não se chegou ao *Dào*, ao Absoluto. O que se alcançou foi a Onipotência, a Unidade. Mas também a Unidade ainda não foi rompida; é preciso ir além, além da consciência, além da vida que permitiu a criação da consciência e a criação da energia. Aquela condição prévia que permitiu ao Universo existir; uma espécie de Vazio. Vazio, não como ausência das coisas, mas sim como a condição prévia que permite a criação e a existência de todas as coisas.

Se a consciência e a energia universais fossem como um rei que governa tudo e que está em toda parte, essa condição anterior é uma espécie de zero, comparando com o um. Esse zero é uma espécie de Vazio, se comparado com a manifestação; como se fosse a rainha-mãe que gerou o rei. O rei sem a rainha não existiria. Sem Vazio, não haveria manifestação. Sem a condição chamada de Céu Anterior, não existiria a condição de Céu Posterior. Sem o *Wú jí,* não haveria o *Tài jí.* Sem o zero, não aconteceria o um e, consequentemente, todos os outros números também não se revelariam.

Quando se alcança esse zero, quando se entra dentro desse zero, ainda abraçando o um, chega-se ao *Dào*.

Essa grande viagem começa com um simples passo, que é a união do *yīn* e do *yáng* dentro de nós.

Para essa realização, é preciso que se tenha o conhecimento desse processo. Também é preciso que aconteça uma condição mínima, que é o que chamamos de "Autêntica Terra" ou "Elemento do Centro".

A Autêntica Terra é uma Terra que não tem início, durante, nem fim. Essa ausência de início, durante e fim – que, ao mesmo tempo, está em toda parte, coexistindo com o início, durante e fim –, essa infinitude é a Autêntica Terra.

É preciso, então, trazer a consciência para a infinitude. É preciso trazer a energia para essa infinitude, que está além do tempo e do espaço, e que é chamada de Autêntica Terra, um estado similar ao Vazio. É preciso estar dentro desse Vazio, para que tudo possa acontecer. Esse Vazio é o que alguns mestres daoistas chamam de "Coração do Céu e da Terra". O coração simboliza o órgão que impulsiona a vida. Sem o coração, o Homem não vive. O Coração do Céu e da Terra impulsiona todas as coisas, para que o Céu e a Terra sejam vivos. O coração do Céu e da Terra é a Autêntica Terra, uma espécie de Vazio. O Vazio é o não-julgamento e a não-intenção.

> **Não-julgamento** é a contemplação que se faz do mundo sem acrescentar os julgamentos que nascem das vontades do ego de uma pessoa. O não-julgamento é diferente do discernimento: quem possui lucidez de consciência sabe discernir todos os fatos que contempla, sem sentir necessidade de proferir julgamentos a respeito do que vê e ouve.
>
> **Não-intenção** é um sentido referido à ausência dos desejos do ego na ação que se pratica.

O *Dào* não tem intenção de criar. Ele cria, mas sem intenção de possuir o que cria. Ele faz as coisas acontecerem, sem querer que essas coisas lhe pertençam.

É, simplesmente, um estado de consciência que permite todas as coisas existirem, sem precisar possuir nada; sem ego; sem julgamento.

Esse estado de Vazio é o que chamamos de "Coração do Céu e da Terra", a "Autêntica Terra", ou o "Vazio do Absoluto".

As quatro virtudes têm que convergir para o centro. A força do metal e a força da madeira têm que se fundir. A força do fogo e a força da água têm que se juntar. Todos se juntam no elemento do centro, que chamamos de "Elemento Terra".

Existe um texto chamado "Quatrocentas Palavras sobre o Elixir de Ouro". Esse texto foi escrito há, aproximadamente, oitocentos anos, por um famoso mestre de alquimia daoista. Conta-nos que a Autêntica Terra sustenta o Autêntico Chumbo, e que o Autêntico Chumbo controla o Autêntico Mercúrio. O chumbo simboliza o Sopro vital; o mercúrio simboliza a consciência. O Autêntico Chumbo é o chumbo verdadeiro, ou seja, uma energia verdadeira.

O que é uma energia verdadeira, e o que é uma energia falsa?

Energia falsa é aquela que, nesse momento, é uma energia, mas que, daqui a instantes, deixará de ser; é uma energia perecível.

O Autêntico Chumbo é uma energia imperecível. É uma energia que permanece constantemente com a mesma qualidade.

O Autêntico Mercúrio é a consciência verdadeira.

O que é uma consciência verdadeira? É o contrário da consciência falsa. A consciência falsa é aquilo que, nesse momento, parece ser, mas que, daqui a instantes, não será mais. É aquilo em que se acredita nesse momento, mas em que, no próximo momento, não se acreditará mais. É aquilo em que se acreditava aos 20 anos de idade, e hoje não se acredita mais. Tudo muda: nossa mente, nossos pensamentos, nossas emoções. Tudo o que muda e não permanece, é porque não é autêntico. Todas essas compreensões que mudam e não permanecem são as falsas consciências.

A verdadeira consciência não se modifica. A verdadeira consciência não é nem mental, nem intuitiva. Não é uma consciência subconsciente ou inconsciente. A verdadeira consciência é simplesmente uma consciência. Pura, límpida; que não tem forma, não tem linguagem, não tem imagem. Está além do tempo e do espaço, do imaginável e do inimaginável. Essa é a "Autêntica Consciência".

Zhuāng Zi, um dos mais importantes pensadores do Daoismo, dizia que quando várias pessoas discutem sobre um determinado assunto, e não conseguem chegar a um consenso, esse consenso é alcançado quando as pessoas param de falar. Quando todos dão a sua opinião, ninguém ouve ninguém. Na manifestação do diálogo, não há consenso. O consenso só pode existir quando todos param de discutir.

> *Zhuāng Zi* 莊子, literalmente traduzido como Mestre Zhuāng, também conhecido como Chuang Zi, Chuang Tzu, Chuang Tzé e Zhuang Zhou, era um filósofo daoista chinês que viveu por volta do século IV AEC, durante o período dos Reinos Combatentes, período correspondente à cúpula da filosofia chinesa, as Cem Escolas de Pensamento. A sua obra leva o seu próprio nome, *Zhuāng Zi*, e é um dos textos fundamentais do Daoismo.

Esse silêncio – no nível da consciência – é, exatamente, a Autêntica Consciência. É preciso ter o Autêntico Chumbo como energia vital, unido à Autêntica Consciência, que é o Autêntico Mercúrio. Ou seja, o Autêntico Chumbo, imperecível e eterno, unido ao Autêntico Mercúrio, puro e imutável. Uma consciência imutável com uma energia imperecível, juntas, formando o nosso verdadeiro Ser. E o nosso verdadeiro Ser é a soma destes dois: a consciência e o Sopro.

Essa união da consciência com o Sopro só pode ser realizada se existir um local onde ela possa ficar: na Autêntica Terra. A Autêntica Terra é o caldeirão da alquimia, no qual são colocados todos os ingredientes para serem cozidos e processados, atingindo-se, assim, o terceiro elemento: o resultado. A alquimia é pôr o *yīn* e o *yáng* dentro do caldeirão, processá-los, e fazer nascer o terceiro elemento que não é *yīn*, nem *yáng*, mas a união do *yīn* e do *yáng*. Não é *yīn* e nem é *yáng*, porém, é o antecessor do *yīn* e do *yáng*. É algo que pode ser extraído de dentro de nós: a força *yīn* e a força *yáng*, ao mesmo tempo.

Esse é o conceito da androginia na linguagem da alquimia. Abraçar a polaridade dentro de si, sem ter nem um, nem outro, e tendo o poder de criar um e outro.

No texto *O Banquete,* de Platão, o narrador conta que o andrógino era um ser que possuía oito membros: quatro braços e quatro pernas. Tinha apenas uma coluna vertebral, com dois rostos, um olhando para a frente e o outro olhando para trás (ou para a outra frente). O corpo *yáng* do homem e o corpo *yīn* da mulher eram unidos pelas costas, com seus órgãos genitais também invertidos. O membro masculino era direcionado para trás e, portanto, era autoprocriador.

Os andróginos eram poderosíssimos: ágeis porque tinham quatro pernas, e bons trabalhadores porque tinham quatro braços. Não precisavam procurar seus companheiros para se procriarem. Eram, portanto, onipotentes; tinham o *yīn* e o *yáng* unidos dentro de si, ao mesmo tempo.

Os deuses, com inveja, partiram o andrógino ao meio, deixando a parte homem separada da parte mulher. Os órgãos genitais foram invertidos para a frente. Assim, separaram o homem e a mulher.

O homem sempre terá a mulher em seu inconsciente, e não mais no consciente. A mulher sempre terá o homem em seu inconsciente, e não mais no consciente. Ambos precisarão um do outro para se procriarem. Entre todas as possibilidades de criação, a única forma impossível de se procriar é a de um homem e uma mulher fazerem sexo de costas um para o outro. A coluna vertebral do homem nunca mais se unirá à coluna vertebral da mulher. A unidade, portanto, não poderá ser recuperada.

Esse símbolo do andrógino, do *yīn* e do *yáng*, do masculino e do feminino juntos, com os oito membros, assemelha-se ao símbolo do *Tài jí*, com os oito trigramas em seu entorno.

> No *Yì jīng*, os oito trigramas representam oito manifestações; oito direções do yīn e do yáng, sendo quatro trigramas yīn e quatro trigramas yáng: céu, vento, água, montanha, terra, trovão, fogo e lago.[25]

---

[25] Para mais informações, consulte a obra *I Ching, o Tratado das Mutações*; Wu Jyh Cherng; coautoria: Marcia Coelho de Souza (Rio de Janeiro:Mauad Editora, 2015), e *I Ching, a Alquimia dos Números*; Wu Jyh Cherng (Rio de Janeiro:Mauad Editora, 2001, reimp. 2003, 2013, 2.ed. 2019).

Todas as práticas de alquimia, tanto a oriental quanto a ocidental, visam a recuperação dessa androginia. Recuperar essa androginia significa recuperar a consciência e a vida infinitas; uma consciência não separada da vida. O homem é masculino, ativo, e é análogo à consciência (não está se querendo dizer, aqui, que a mulher não tem consciência). A mulher é procriadora; ela é a vida. Na alquimia, uma pessoa tem que encontrar, dentro de si, essa união do feminino com o masculino. Esse feminino é unido ao masculino através da união do Sopro vital com a consciência. Nessa união, recupera-se a androginia.

A androginia acontece através da fusão do *yīn* com o *yáng*. A fusão do *yīn* com o *yáng* é a fusão da consciência com o Sopro, dentro de um caldeirão. Nesse caldeirão, coloca-se a consciência em conjunto com a energia. O caldeirão é a não-intenção, o não-julgamento; é o silêncio interior. É preciso ter uma quietude para se chegar a uma consciência e a uma energia pura, para que haja a fusão, que se chama "Elixir da Imortalidade".

A imortalidade não significa permanecer vivo fisicamente. Imortalidade significa a consciência e a vida infinitas. Quando a consciência não puder ser mais limitada, e também a vida não puder ser mais limitada, isso se chama imortalidade. Se uma pessoa tem a consciência infinita, mas não tem a vida infinita, não existe imortalidade. Se uma pessoa tem a vida longa, mas não tem a consciência infinita, também não tem a imortalidade. A infinitude somente é alcançada quando a consciência e a vida estão fusionadas.

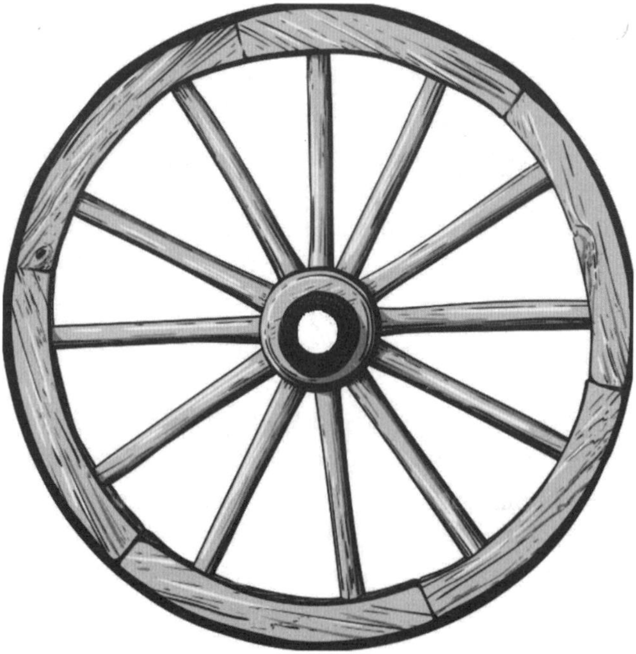

A RODA

Antigamente, na China antiga, a roda era feita de madeira. Cada roda tinha trinta raios que ligavam um arco no centro a um arco maior externo, formando a roda. O centro da roda interna ficava vazio, para ali poder se encaixar o eixo. Para se encaixar o eixo, a roda da carroça tinha que ter esse vazio. Sem esse vazio, a roda não existiria. Se não houvesse o vazio do centro, não seria possível a roda girar. Se não existisse o vazio entre os raios da roda, ela se tornaria muito pesada. Se não existisse um vazio do lado de fora da roda, não existiria por onde a roda pudesse girar e ela nem precisaria existir.

Podemos perceber, então, que existe um vazio no centro da roda, entre os raios da roda e fora da roda. É principalmente o vazio do centro da roda que permite que ela gire. É através desse vazio do centro que a roda e toda a carroça podem se movimentar.

O vazio do centro é o mesmo vazio que está entre os raios e o mesmo vazio que está fora da roda. Quando olhamos uma roda, normalmente vemos tudo aquilo que não é o vazio. Não se vê o vazio da roda. No entanto, sem o vazio, a roda não poderia existir.

Igualmente, simbolicamente falando, se não existir o vazio interior em cada um de nós, não haverá como fazer rodar toda a consciência e toda a nossa energia. Se não existir uma leveza no vazio, não haverá como tornar o nosso movimento de vida mais leve, mais dinâmico. Se tivermos todos os raios de nossa roda bloqueados, nossa vida andaria sim, mas pesadamente. Devemos tentar ser mais leves.

Esse vazio do centro simboliza uma quietude, um não-julgamento interior, que permite tudo girar em torno de nós, naturalmente.

O vazio dos raios simboliza a leveza que devemos ter em relação à nossa vida material, à nossa vida física, à nossa energia vital, e a todos os pensamentos, para que estes se manifestem de uma maneira mais sutil, com mais leveza. Desse modo, nossa vida pode transcorrer com mais leveza e mais sutileza; menos sobrecarregada; menos pesada.

Por último, se não tivermos um espaço fora de nós para nos abrigar, nada pode acontecer ou existir.

Ainda, por último dos últimos, percebemos que o não-julgamento interior, a quietude interior, a leveza que existe em nossa vida, o Vazio que existe nessa grande abrangência do Universo fora de nós consistem na mesma coisa. Esse Vazio interior (Vazio do meio e Vazio de fora) é o mesmo Vazio. A quietude que existe em nosso coração, a suavidade que há em nossos gestos, e o espaço e a tolerância que temos fora de nós para nos abrigar e para abrigar os outros são a mesma coisa.

Tudo é o mesmo Vazio. Esse Vazio sempre existiu, mesmo antes de existir a roda. Esse Vazio continua existindo, mesmo que a roda não esteja rodando. O Vazio continuará existindo, mesmo que um dia não existam mais rodas e as rodas não sejam mais necessárias. O Vazio permanecerá.

Do mesmo modo, a argila não tem forma e pode tomar qualquer forma. Ao se modelar a argila para criar um vaso, por exemplo, este permanecerá com o Vazio dentro de si. É por essa razão que se torna útil. Se o vaso não tivesse um Vazio, não seria um vaso. O sino ecoa por causa de seu Vazio. Qualquer objeto precisa ter um Vazio para cumprir a sua função.

Não se podem imaginar trinta raios que não tenham algo para segurá-los interna e externamente; eles cairiam. Se a consciência não se segurar em algo – se não for sustentada pela energia –, ela se esvaziará. Cada pensamento nosso precisa ter uma energia vital que o sustente. Sem energia vital, não pode haver pensamento. Sem energia vital, não se executa o pensamento.

Na prática mística, às vezes acontece de uma pessoa ter um despertar espiritual por um instante. Tem uma lucidez; uma iluminação temporária. Os budistas chamam a isso de *Samadhi*, e os japoneses, de *Satori*. Por um instante, a pessoa tem um *insight* que não permanece; vai embora; reduz. Por que reduz? Porque aquela consciência se esvai, quando não encontra uma energia compatível que a segure.

Normalmente, nossa energia vital é tão pesada, tão formal, tão cheia de julgamentos, que não é compatível com a consciência que foi despertada por um instante. É preciso, então, ter uma energia igual ou similar a essa consciência, no mesmo nível, para que, quando a consciência for despertada, a energia possa segurá-la. Mantendo a energia no mesmo nível do despertar da consciência, a pessoa vai praticando e se realizando, até chegar a um nível satisfatório. Quanto mais a energia estiver próxima do nível do Absoluto, mais alto o seu nível e a sua qualidade. O mesmo também se dá em relação à consciência.

Como podemos fazer para que a nossa consciência e a nossa energia fiquem cada vez mais próximas da energia do Absoluto, mais próximas do nível do Céu Anterior?

Através do Vazio interior. Na prática, esse Vazio interior é a quietude. A quietude é uma consciência em estado de neutralidade, para observar as coisas, para participar das coisas, para realizar as coisas sem a grande atuação do ego. Fazer as coisas, simplesmente por fazer; fazer as coisas, simplesmente de acordo com o curso natural; no momento próprio, de maneira própria; deixando tudo fluir.

Na hora de dormir, dormir; na hora de estar em atividade, agir; na hora de pensar, pensar; na hora de descansar, descansar. Fazer tudo com naturalidade. Essa naturalidade acontece, se conseguirmos esse Vazio interior. Podemos viver a vida como ela deve ser vivida: trabalhando, casando, tendo filhos, fluindo naturalmente, como uma roda na estrada. Então, agimos e reagimos de uma maneira leve e temos espaço dentro e fora de nós para conter tudo. A vida se torna maravilhosa. Nós somos esse Vazio da roda, e não um espírito aprisionado dentro de uma roda ou de um concreto.

Na prática do Daoismo, esse Vazio interior é realizado através da meditação. Em chinês, a palavra meditação é dividida em duas palavras: **Jìng zuò** 靜坐.[26] *Jìng* significa quieto, silêncio; *zuò* significa sentado. Ou seja, sentado em silêncio; silenciosamente sentado; sentado no silêncio.

---

26 Para mais informações, consulte a obra *Meditação Taoista*, Wu Jyh Cherng; coautoria: Marcia Coelho de Souza – "1-Introdução", p.19-20 (Rio de Janeiro: Mauad Editora, 2008).

Muitas vezes, realizamos o estar sentado, mas não ficamos em silêncio. Sentado sem silêncio; sentado sem quietude.

Sentar-se na quietude é entrar dentro da quietude; colocar a quietude dentro de nós, porque estamos sentados. Esse é o conceito básico da meditação.

Cada um de nós nasceu com um jeito ou com outro. Todas as diferentes personalidades só funcionam se tiverem um Vazio dentro de si. Cada um de nós tem uma finalidade própria, que funciona de uma maneira própria, com um talento próprio; e todos têm algo em comum: esse Vazio. Sem o Vazio, nenhuma função poderia ser exercida.

A prática da meditação, ou seja, sentar-se no silêncio, é um exercício para recuperarmos esse Vazio que existe dentro de nós. O centro desse Vazio é igual para todos. Se, num primeiro passo, conseguirmos encontrar esse Vazio em nós mesmos, estaremos progredindo para encontrar o Vazio que existe dentro de todos. A universalização é a integração com tudo e com todos.

Se construirmos uma casa sem portas nem janelas, não teremos uma casa. Nosso corpo é uma casa. O corpo é a residência da alma; a residência do espírito. Nosso corpo também é feito de diversas portas e janelas: nossa audição, nossa visão, nosso olfato, nossa respiração, nosso paladar, nosso tato, nossos pensamentos, nossa reflexão. Tudo são portas e janelas que nos abrem tanto de dentro para fora, como de fora para dentro; que fazem com que tenhamos contato com o mundo externo, com as outras pessoas que moram nas casas ao redor. Esse simbolismo é muito interessante. Quando nos relacionamos com o nosso vizinho, nos relacionamos com a pessoa que mora na outra casa, e não com a outra casa. Nós saímos da nossa casa para encontrar a pessoa que mora na outra casa.

Na linguagem simbólica, o correto seria que a nossa alma se relacionasse com a outra alma, e não com a aparente imagem.

O nosso corpo serve como proteção da nossa alma. Uma pessoa sem corpo físico tem que flutuar no mundo astral e é muito frágil. No mundo astral, num mundo mais sutil, normalmente se é governado por uma velocidade bem maior, ou seja, pelo pensamento, pelo sentimento ou pela emoção. Quando se pensa, já se locomoveu... Mas quando moramos dentro de um corpo físico, não podemos fazer isso.

A residência é a limitação do morador. Também a nossa alma fica temporariamente limitada. Ao mesmo tempo, o corpo faz com que a alma não fique sujeita a impactos externos violentos. Precisamos, então, saber trabalhar o equilíbrio entre a residência e a não-residência. Precisamos ter portas para sair, quando tivermos que sair, e para voltar, quando tivermos que voltar. Usar a casa quando tivermos que usá-la, e deixar a casa quando assim for necessário. Abrir as janelas para podermos, sem sair de dentro de nós, encher-nos com algo que está fora de nós.

É preciso haver uma abertura no interior, para podermos enxergar as verdades; uma abertura em nossa alma, para podermos ouvir as verdades. Aberturas dentro de nós, para podermos sentir os cheiros, o paladar; para pensarmos, questionarmos, nos realizarmos, sairmos, voltarmos... Mais uma vez, falamos de uma abertura interior, uma abertura que possa proporcionar esse Vazio interior. Esse Vazio, num nível mais superficial, começa a partir da quietude; de tentar ser calmo, de procurar viver o silêncio. Esse Vazio pode ser experimentado muitas vezes. As fases da meditação acontecem, exatamente, para que possamos experimentar o que é o silêncio. Mesmo que esse silêncio – essa sensação de silêncio – perdure por apenas um segundo, é preciso captar esse instante, e tentar reproduzi-lo em todas as circunstâncias da vida.

Na prática do mantra, nós recitamos e paramos, recitamos e paramos. Quando essa parada acontece, por um segundo, sentimos a consciência do silêncio. É esse o instante da sensação do silêncio interior.

As práticas de recitação do mantra, do canto sagrado e da meditação são exercícios feitos como referência para podermos captar o silêncio. Essas práticas são fundamentais para aquelas pessoas que estão cada vez mais distantes desse silêncio.

Devemos tentar sentir e recuperar, aos pouquinhos, esse silêncio em outros momentos de nossa vida. Quando estivermos, por exemplo, trabalhando ou discutindo com pessoas, nessas horas, devemos lembrar daquele meio minuto de silêncio que sentimos na nossa meditação. Estaremos, assim, colocando o nosso coração como um guia silencioso e sábio, sempre perto, para bem administrarmos nossa vida no cotidiano. Isso é ação não-intencional; agir com o silêncio interior. Esse silêncio é fundamental. Esse silêncio é o silêncio da roda. É o silêncio do vazio e das janelas da casa. É o vazio do recipiente que o torna útil.

Se não existir esse silêncio, nos tornamos um recipiente inútil; uma roda que não gira; uma casa na qual não entramos nem saímos. Seremos, então, prisioneiros da nossa própria vida, que se tornará pesada, desagradável e arrastada.

A sensação de paz interior que já existiu dentro de nós, em algum momento, em algum lugar, no fundo de nossa memória – dentro de um sonho, nas memórias de vidas anteriores –, essa sensação é ampliada e torneada por esse Vazio interior, para que a nossa vida seja conduzida naturalmente.

LEIA TAMBÉM DE WU JYH CHERNG:

— *Dào em sua Essência* (com fotos de Lîla Schwair)

— *Iniciação ao Taoismo* – Volumes 1 e 2

— *Tai Chi Chuan* – *A Alquimia do Movimento*

— *Tao Te Ching* – *O Livro do Caminho e da Virtude*,
de Lao Tse (Tradução direta do chinês)

— *Meditação Taoista* (Inclui, na íntegra, o Tratado Sobre Sentar e Esquecer,
escrito no séc. VIII pelo Patriarca Sī Mǎ Chéng Zhēn, da Dinastia Táng (616-907 d.c.) – Tradução, organização e comentários
(em coautoria com Marcia Coelho de Souza para
transcrição, edição e adaptação dos textos)

— *Tao Te Ching* – *O Livro do Caminho e da Virtude*,
de Lao Tse (Tradução direta do chinês e comentários)
(em coautoria com Marcia Coelho de Souza para
transcrição, edição e adaptação dos textos)

— *Yīn Fú Jīng* – *Tratado sobre a União Oculta*,
de Huángdì, o Imperador Amarelo
(Tradução direta do chinês e interpretação)

— *I Ching* – *O Tratado das Mutações*
(coautora: Marcia Coelho de Souza)

— *Alquimia Taoista* – *Diálogos*,
de Má Hé Yáng
(Tradução direta do chinês e interpretação)

LEIA TAMBÉM

— *O Caminho da imortalidade* – *registro de perguntas e respostas*,
de Ma Bingwén
(Tradução direta do chinês e comentários de Luciano Villanova de Oliveira)

— *Cultivando a Vida* —
Benefícios da prática regular do Tai Ji Quan e do Qi Gong
Wagner Canalonga

CARACTERÍSTICAS DESTE LIVRO:

Formato: 14 x 21 cm
Mancha: 10 x 17 cm
Papel: Off White 80g/m2 (miolo)
Cartão Supremo 250g/m2 (capa)
1ª edição: 2020

Para saber mais sobre nossos títulos e autores,
visite o nosso site:
www.mauad.com.br